［英］温斯顿·丘吉尔—著　　李国庆等—译

CHURCHILL'S MEMOIRS OF WORLD WAR II
丘吉尔二战回忆录

纵横捭阖

SPM
南方传媒　广东人民出版社

·广州·

图书在版编目（CIP）数据

纵横捭阖 /（英）温斯顿·丘吉尔著；李国庆等译.
广州：广东人民出版社，2024.8. --（丘吉尔二战回忆
录）. -- ISBN 978-7-218-17965-0

Ⅰ. K835.617=5；K152

中国国家版本馆 CIP 数据核字第 20242BW044 号

QIUJI'ER ERZHAN HUIYILU · ZONGHENG–BAIHE

丘吉尔二战回忆录·纵横捭阖

[英] 温斯顿·丘吉尔 著　李国庆等 译　　📖 版权所有　翻印必究

出 版 人：肖风华

责任编辑：范先鎜　陈泽洪
责任技编：吴彦斌
封面设计：贾　莹

出版发行：广东人民出版社
地　　址：广州市越秀区大沙头四马路 10 号（邮政编码：510199）
电　　话：（020）85716809（总编室）
传　　真：（020）83289585
网　　址：http://www.gdpph.com
印　　刷：三河市人民印务有限公司
开　　本：787 毫米 × 1092 毫米　1/16
印　　张：11.25　　字　　数：162 千
版　　次：2024 年 8 月第 1 版
印　　次：2024 年 8 月第 1 次印刷
定　　价：58.00 元

如发现印装质量问题，影响阅读，请与出版社（020-87712513）联系调换。
售书热线：（020）87717307

《丘吉尔二战回忆录》 译者

（排名不分先后）

李国庆　张　跃　栾伟霞　曾钰婷　刘锡赟　张　妮
李楠楠　汤雪梅　赵荣琛　宋燕青　赖宝滢　张建秀
夏伟凡　王　婷　江　霞　王秋瑶　郑丹铭　姜嘉颖
郭燕青　胡京华　梁　楹　刘婷玉　邓辉敏　李丽枚
郭轶凡　郭伊芸　韩　意　李丹丹　晋丹星　周园园
王瑨斑

战争时： 意志坚定

战败时： 顽强不屈

胜利时： 宽容敦厚

和平时： 友好亲善

致 谢

　　在此，我必须再一次向协助我完成第一卷书①的人表示感谢，他们是：陆军中将亨利·波纳尔爵士、艾伦海军准将、迪金上校、爱德华·马什爵士、丹尼斯·凯利先生和伍德先生。我也要感谢很多帮忙审阅原稿并给出意见的人。

　　伊斯梅勋爵和我的朋友也一直在帮助我。

　　我还要感谢英王陛下政府准许我复制那些官方文件，按照法律，这些文件的王家版权归英王陛下政府文书局局长所有。为了安全起见，我谨遵英王陛下政府的要求，将本卷②出现的一些电报进行了改写，但这并未改变其语气和本质。

　　① 原卷名为"铁血风暴"，现分为《愚行与危机》《进逼与绥靖》《从蚕食到大战》《晦暗的战局》以及《欧陆沦陷》第一章。——编者注

　　② 原卷名为"最光辉的时刻"，现分为《欧陆沦陷》《坚决抗争》《孤军奋战》《纵横捭阖》以及《海陆鏖战》前两章。——编者注

前　言

　　在本卷（《欧陆沦陷》《坚决抗争》《孤军奋战》《纵横捭阖》，以及《海陆鏖战》前两章）所涉及时期内，我肩负着重任。我身为首相，同时兼任第一财政大臣、国防大臣和下议院议长。起初的四十天里，我们是孤独的。当时，德国大胜；意大利向我们发动致命一击；日本于我们而言又是潜在的未知威胁。然而，英国战时内阁在议会、政府、英联邦和帝国的支持下，坚定不移地效忠于英王陛下并出色地完成了各项任务，最终战胜了我们所有的敌人。

温斯顿·丘吉尔

于肯特郡，韦斯特勒姆，恰特韦尔庄园

1949 年 1 月 1 日

目录
CONTENTS

第一章　达喀尔计划 ／ 001

第二章　艾登先生的使命 ／ 023

第三章　同维希和西班牙的关系 ／ 035

第四章　墨索里尼进攻希腊 ／ 059

第五章　租借法案 ／ 083

第六章　德苏关系 ／ 105

附录（1）／ 121

附录（2）／ 165

第一章

ONE

达喀尔计划

解放达喀尔的计划——支援自由法国军队的必要性——战时内阁批准"威吓"作战计划——拖延和泄密的危险——"雅克"传来的消息——我们的第二条线索——寻获的法国巡洋舰——戴高乐将军的坚持——进攻达喀尔——维希法国的顽强抵抗——内阁和各司令官同意罢手——内阁和战地司令官的主张反复变更

　　这一时期，英王陛下政府非常重视对戴高乐和自由法国的援助，目的是将法国的非洲属地和殖民地，尤其是大西洋沿岸的属地和殖民地争取过来。然而，上述地区的大部分法国军官、官员和商人并未感到悲观失望。他们虽然对祖国的突然战败感到震惊，但是由于自己尚未落入希特勒军队的手中，也没被贝当的伪政权所控制，所以他们并无投降之意。对他们来说，戴高乐就像一颗在漆黑夜空中闪耀的明星。距离给了他们时间，而时间又给了他们机会。

　　一旦确定卡萨布兰卡已非我方兵力所能及，我自然而然地想到了达喀尔。总的来说，由我组建并仅为我个人提供法国事务顾问的那个小型工作委员会，对整件事情的筹划，表现得十分积极、自信。关于运送法国军队到西非登陆这个计划，我在1940年8月3日晚从契克斯发出了批准书。戴高乐将军、斯皮尔斯少将和莫顿少校已经拟订了一份计划提纲，目的是要在西非升起自由法国的旗帜，并占领达喀尔，从而为戴高乐将军把法属西非和赤道非洲的殖民地联合起来，然后再争取北非的法属殖民地。那时，卡特鲁将军正计划从印度支那前来英国，准备在法属北非殖民地获得解放后，接管该地区。

　　8月4日，参谋长委员会仔细考量了由联合计划委员会详细拟订的计划，并起草了向战时内阁提出的报告。参谋长委员会提出的方案是基于以下三个假设：第一，这些军队必须装备齐全，用船运载，以便能在任何法属西非港口登陆；第二，这支远征军应全部由自由法国的军队组成，除运输军队的船只及其护航军舰外，不能包括任何英国人员；第三，这件事应该由法国人处理，以保证远征军在登陆时不会遭到强烈抵抗。

自由法国军队的兵力约为两千五百人，包括两个营、一个坦克连、几个排的炮兵和工兵、一个轰炸机小队和一个战斗机小队，我方将为该战斗机小队提供"旋风"式战斗机。这支军队 8 月 10 日在奥尔德肖特可准备完毕，据估计，运输船只和军需船只 8 月可从利物浦启航，而军队运输船则在 19 日到 23 日之间出发，大约于 28 日抵达达喀尔，或者在几天之后到达其他港口，如科纳克里和杜阿拉。战时内阁在 8 月 5 日的会议上批准了这些提议。

显然，比起参谋长委员会的估计，戴高乐将军需要从英国获取更多的援助。他们向我指出：这样一来，我们所承担的义务，比我们意料中的要多许多，时间也更长，而且这支远征军也将开始失去它的自由法国的色彩。这个时候，我们人力、物力的供应已非常紧张，根本无法满足增加供应的需求。不过，8 月 6 日，我与戴高乐将军进行了会谈，并于 8 月 7 日晚 11 时召集参谋长委员们开会，讨论了这一计划。大家一致认为，自由法国军队登陆的最好地点是达喀尔。我建议，为了保证这支远征军的胜利，英国军队应予以充分的支援，同时要求他们根据这些理念拟出一个较完整的计划。三军参谋长还与我们讨论了改善与维希关系的政策和我们引导法国殖民地反对德国的利益之间产生的矛盾。他们提出，戴高乐的行动，可能会带来同时跟法国本土和法国殖民地开战的危险。虽然如此，但如果自由法国当地的谍报人员和我方在该地区的代表都认为形势有利，那参谋长们就赞成远征军前往。因此，我在 8 月 8 日凌晨发出了如下指示：

首相致伊斯梅将军，转参谋长委员会：

1. 尼日利亚总督的来电说，在维希政府的默许甚至支持下，德国势力有迅速扩展到法属西非殖民地的危险。除非我们采取迅速且有力的行动，否则，由德国空军护卫强大的U型潜艇基地很快将遍布西非沿岸一带，西非海岸将变得和欧洲西海岸一样，我们将难以接近，而德国人则来去自如。

2. 如今已经过去六周时间，内阁原计划采取重大行动并派遣达夫·库珀先生和戈特勋爵前往卡萨布兰卡仍毫无结果。当地的法国人对我们抱有敌对态度，参谋长委员会又无法提出任何积极的建议，局势已经严重恶化。

3. 戴高乐将军是否能第一时间占领达喀尔，对英国的利益尤为重要。如果他的密使传信说，可以和平占领达喀尔，那是再好不过的了。如果报告的情况恰恰相反，则应提供足够的波兰军队和英国军队，并给予充分的海军掩护。行动一旦开始，就必须进行到底。戴高乐将赋予此次行动一种法国色彩，一旦成功，当然应由他的政府控制该地区，但是我们必须提供这一行动所需的兵力。

4. 参谋长委员会应为顺利占领达喀尔制订一个计划。为达到占领的目的，他们应该保证具备了以下条件：
（1）戴高乐的军队以及所有一切能够聚集的法国军舰；（2）强大的英国海军，既能控制附近的法国军舰，又可掩护登陆；（3）装备齐全的一个旅的波兰军队；（4）皇家海军陆战旅，该旅原本打算派往大西洋岛屿，但可先用来帮助戴高乐的军队登陆，或者从罗杰·凯斯爵士的军队中抽调突击队；（5）由航空母舰或英属西非殖民地的飞机，给予适当的空中支援。

5. 马上制订计划，并配合地中海的军事行动安排日期。

6. 达喀尔被占领后，不打算用英国军队驻守。戴高乐政府即将宣布成立，他们派兵驻守达喀尔，英国只需进行适当的供应支援，当然还要防止德国化的法国从海上侵袭。如果戴高乐不能长时间抵御空袭或空降部队，我们就破坏港口的一切设施，并带他离开。当然，无论如何，我们将把挂着法国国旗的"黎歇留"号战列舰夺回并修好。波兰人和比利时人可以取回他们的黄金，那些黄金是法国政府在签订停战协定之前为安全起见而运往非洲的。

7. 上述计划的实现，关键在于时间。我们已经失去了很多时间。英国船只在任何适宜时间都应作为运输舰，但应悬挂法国国旗。关于英国运输舰悬挂法国国旗一事，无须内阁下达命令或通过立法程序。

8. 至于法国宣战的危险，而我们是否对其进行支援，都将留待内阁解决。

1940 年 8 月 8 日

*　　*　　*

8 月 13 日，我向战时内阁提起这件事，但这已经不再是原先纯粹的法国远征军计划了，而是已经远远超出了其范畴。假设遇到敌军抵抗，我们可以在黎明时分派遣六个分队在达喀尔附近的多个海滩登陆，以此分散防守部队的力量，我方人员对上述行动的相关细节进行了核查。战时内阁通过了这个计划，但须请外交大臣考虑一下维希法国宣战的可能性。我仔细考量一番后，觉得这种情形不会发生。我决定要冒一次险了。我同意任命约翰·坎宁安海军中将和欧文陆军少将为这支远征军的司令。他们在 8 月 12 日晚上到契克斯来见我，这次行动成败难料，复杂艰巨，我们一起从头到尾地又研究了一番。最后我亲自向他们做出了指示。

于是，作为这次以"威吓"为代号的达喀尔远征行动的发起人和鼓动者，我负有非比寻常的责任。当然，尽管我们未能处处得利，也曾遇到过不幸的事，但是我从未曾后悔自己所做的决定。达喀尔值得

一战，它会让法兰西殖民帝国变得更强大。我深信维希法国不会发起进攻，所以我们很有可能不需要耗费太多兵力就能拿下达喀尔。英国的顽强抵抗和美国的坚定态度，让法国人重新燃起了希望。我们如果获胜，维希政府只能表示无奈；如果战败，他们将以他们的抵抗得力，向德国主子请功。最危险的就是战斗步入僵局了。不过，在这些日子里，再危险的事情我们也司空见惯了。我知道即使我军仅剩最后一点人力和物力，也能勉强应付。曾经德国对我国本土的入侵日益临近，迫在眉睫，那时我们仍毫不吝惜地把一半的坦克运给韦维尔去保卫埃及。相比之下，这不过是小菜一碟。我们的战时内阁、保守党、工党和自由党，坚强不屈，越来越主张采取主动进攻的手段。于是，下发所有相关的命令，而令出必行，一切行动都有条不紊地进行中。

拖延和泄密是我们目前面临的两大危险，而前者又加重了后者的危险。这时，这支自由法国军队，流亡在英国，担负起了武装反对本国统治政府的重任，是国民的英雄。他们已经做好心理准备朝自己的同胞开火，也同意用英国大炮击沉法国的军舰。他们的领袖都有可能随时丧命。而他们情绪紧张，甚至轻举妄动，也是难免的，谁能责怪他们呢？战时内阁若要向部队发布命令，只需传达给几位司令和参谋长委员会的人就行了，此外，就无须告诉任何一个人。但是，戴高乐将军必须开诚布公，以此说服法国勇士与他一起执行任务，所以许多人都会知道军事机密。在法国军队中，远征达喀尔已经人尽皆知。在利物浦一家饭馆里，法国军官在晚宴上敬酒时高喊"达喀尔！"我们进攻用的登陆艇必须用拖车从朴次茅斯附近出发，途经英格兰，运往利物浦，而且护送人员又全身热带装备。我们大家都处于战争的初期阶段。这时军队的保密工作，远远落后于后来开展的"火炬"和"霸王"两个最重要的作战行动的保密工作。

然后就是拖延的问题。我们原来希望在9月8日发起进攻，但是现在看来主力军必须先到弗里敦去加油和进行最后的整顿。原计划法国运输船以十二海里的时速在十六天内抵达达喀尔。但是后来在装船时才发现，装载着汽车队的船只时速只能达到八九海里，但是这时再

改装快船也要耗费时间，于事无补。所以，比原定日期要晚十天已无可避免，对航速的错误估计推延了五天，装船中没料到的困难又增加三天，在弗里敦加油也需要两天。现在我们的进攻只好推迟到 9 月 18 日了。

我在 8 月 20 日晚 10 时 30 分主持了一次由三军各参谋长和戴高乐将军参加的会议，根据记录，我将这个计划概括如下：

> 英法舰队将在黎明时刻抵达达喀尔，飞机将在该城上空投下标语和传单，英国分遣舰队将停留在不远处，法国舰艇将开往港口。一位使者将乘坐一艘插着一面法国国旗和一面白旗的侦察艇驶入港口，带着一封写给当地总督的信，说明戴高乐和他的自由法国军队已经到达此地。在信中，戴高乐将军将着重指出，他此次前来达喀尔是为了使其免遭德国即将发动的进攻，并且还给驻军和居民带来了食物和救援物品。假如那位总督肯接受，那一切就好办了；但如果他拒绝并且还下令海岸防御部队开火的话，英国分遣舰队就前往支援。如果抵抗持续不止，则英国军舰就在法国炮兵阵地向达喀尔开炮，但还是会权力避免出现这样的情况。如果遇到顽强的抵抗，则英国军队要想方设法击垮这种抵抗。最为重要的是要在傍晚时分结束战斗，之后由戴高乐控制达喀尔。
>
> 戴高乐将军也同意了这个计划。

22 日，我们再次会晤，外交大臣向我读了一封揭露泄密的信。至于这次泄密到底影响如何，谁也不知道。海军发动进攻的优势在于，舰队在海中航行，敌军就无法判断出它要进攻的方向。大海广袤无边，大洋更是一望无际。若以热带装备作为一条线索，也只不过能猜到是前往非洲。在利物浦，一位法国人的妻子被怀疑曾与维希法国联系，据说，她认为集结于默尔西河的运输船是开往地中海的。即便"达喀尔"三个字因一时不慎，而被传了出去，敌人依然难以猜出我们的计

划。对于保密工作，我们逐渐变得有经验，更加小心谨慎，慢慢发展到密不透风的程度。我担心的还是时间的拖延以及如何克服这个问题。至于是不是泄密了，谁也不知道。不管怎样，8月27日，内阁最后一致通过计划，开始行动。9月19日成了预定日期。

* * *

9月9日下午6时24分，英国驻丹吉尔总领事打电报给北大西洋战区司令诺思海军上将，其内容是："将在直布罗陀海岸召开一个会议"，并请他转告外交部以下事宜：

> 下面是"雅克"传来的消息。法国分遣舰队试图横渡海峡，向西航行，目的地不明确。此事将可能发生于未来七十二小时内。

这位海军上将并不十分了解进攻达喀尔这一计划，所以对此并未采取特别的行动。外交部在10日上午7时50分也收到一封相同的来自丹吉尔的电报。此时我们被困于伦敦，正遭受着几乎持续不断地空军轰炸。受空袭的影响，密码部门积压了许多未译的电报。而这封电报又没做"重要"的标志，所以就按次序翻译。直到9月14日，才译好准备分发，最后才终于送到了海军部。

此外，我们还有第二条线索。9月10日下午6时，英国驻马德里海军武官收到了法国海军部发来的正式通知，即有三艘"乔治·雷格"级法国巡洋舰和三艘驱逐舰已经离开土伦，准备在11日早晨渡过直布罗陀海峡。在这危急时刻，维希政府采取了这一行动，也实属正常，这也是他们在最后时刻所能采取的谨慎措施了。这位英国海军武官立刻将情况汇报给海军部和驻守在直布罗陀的诺思海军上将。9月10日晚11时50分，海军部收到这一消息。电报破译后，上交给了值勤的上校，由他转送给（海外）作战司司长。这位军官本来对这次达喀尔的远征行动就了如指掌，显然，他一看到这封电报，就知道其重要性。但是，他没有立即采取行动，而是按照常规的程序，把这封电报与第一海务大臣的电报一起送出去。由于这一错误，当时他的上司们对他很不满。

不过，"刚烈"号驱逐舰在地中海巡逻时，曾在 9 月 11 日上午 5 时 15 分，在直布罗陀以东五十英里的海域内，发现了这些法国舰艇，随即向诺思海军上将进行了汇报。萨默维尔海军上将作为扼守直布罗陀海峡的"H"舰队的司令，在同一天早晨也收到了一封电报，这是英国驻马德里海军武官在 0 时 8 分发来的消息。7 时，他命令"声威"号在一小时内启动待命，同时等待海军部的指示。作战司司长犯了错误，而另一封来自驻丹吉尔总领事的电报又在外交部受到耽搁，所以第一海务大臣对此事一无所知，直到后来三军各参谋长在内阁开会时，才知道"刚烈"号驱逐舰发来了法国军舰行踪的报告。他立刻打电话给海军部，命令"声威"号及其所属驱逐舰准备出发。实际上，他们已经蓄势待发了。他接着回到战时内阁。然而，由于这两封分开发来的电报——一封来自驻丹吉尔的总领事，另一封来自驻马德里的海军武官，都未能及时收到，再加上各个部门都未加以重视，所以一切都为时已晚了。如果这位总领事的第一封电报做好"重要"标志；如果驻直布罗陀的这两位海军上将，虽不了解这一计划，但若有一人能察觉其中的重要性；如果外交部一直正常工作；如果作战司司长能优先把第二封来电送出，让第一海务大臣加以注意，并立刻阅读，那么，"声威"号就能拦下法国的舰队并与之谈判，等待战时内阁发出明确的命令，或者我会在召集战时内阁会议之后发出命令。

这件事打乱了我们所有的安排，三艘法国巡洋舰和三艘驱逐舰都开足马力（时速二十五海里），在 11 日上午 8 时 35 分驶过了直布罗陀海峡，朝南部的非洲海岸驶去。战时内阁获悉此事后，立即给第一海务大臣作出指示，让他命令"声威"号追赶法国军舰，与其接触，询问它们此行的目的地，并声明不准它们前往德国占领的任何港口。如果它们回复是驶往南方，就告诉它们最南只能到卡萨布兰卡，而且在

这种情况下，它们会被我军盯梢。如果它们试图驶过卡萨布兰卡开往达喀尔，则需拦阻。但是，我们一直找不到法国舰队的踪迹。12 日和 13 日这两日卡萨布兰卡一直被雾霾笼罩着。英国的一架侦察机被击落；另外，关于驶入卡萨布兰卡港的外来舰队的报告又互相矛盾；这时"声威"号及其他驱逐舰在卡萨布兰卡以南的海域日夜守候，准备拦截法国的分遣舰队。13 日下午 4 时 20 分，"声威"号收到无线电报，电报中说在卡萨布兰卡已经没有巡洋舰。其实，它们早已驶向南方，正全速向达喀尔奔去。

不过，似乎还有另外一个机会。我们的远征军及其强大的护航舰队现在已经到达喀尔的南部，即将抵达弗里敦。9 月 14 日上午 12 时 16 分，海军部通知约翰·坎宁安，法国巡洋舰已经不知在什么时候离开了卡萨布兰卡，并命令他阻止它们进入达喀尔。他可以使用一切能用的舰艇，包括"坎伯兰"号在内；在百般无奈的时候，即便没有驱逐舰掩护，"皇家方舟"号也应出动它的飞机作战。于是，"德文郡"号、"澳大利亚"号、"坎伯兰"号以及"皇家方舟"号以最快的速度往回赶，最后在达喀尔以北形成一条巡逻线。9 月 14 日晚，它们才到达巡逻水域。这时，法国分遣队的舰艇早已在达喀尔港下锚，张开了甲板上的遮阳布篷。

这一段意外决定了英法远征达喀尔的命运。毫无疑问，我军应当放弃这次远征。在我看来，这支法国分遣舰队的到来，实际上宣告了我们无须耗费太多兵力登陆达喀尔并由戴高乐将军占领当地的计划全盘失败，因为它们很可能载有援兵、优秀的炮手和满怀仇恨的维希政府官员，去说服当地总督、干扰驻军并控制炮台。不过，好在我们还来得及取消这个计划，不至于丧失了我军的威望，在这一时期，威望对于我们来说显得尤为重要。实际上，谁都不知道这件事情。这支远征军随后可以转移到杜阿拉，去掩护戴高乐将军对法属喀麦隆采取的军事行动，然后把这些舰艇和运输船遣散或调回本国。

于是，在 9 月 16 日中午的战时内阁会议上，我对达喀尔计划进行了整体概述，从它开始谋划，到延期造成的严重后果，再到各方面的

情报泄露以及到最后不幸让法国军舰渡过了直布罗陀海峡，整个形势
已经改变，已经不可能再继续执行计划了。内阁采纳了我的建议，并
在当天下午2时对远征达喀尔的部队发出了以下的命令：

> 法国巡洋舰出现在达喀尔，已经打乱了我军执行攻占达
> 喀尔的计划，所以英王陛下政府决定放弃这次行动。在此期
> 间，我们研究了其替代计划。军队前往波马柯路途不畅，又
> 缺乏运输工具，而从达喀尔前来的敌军可能先发制人，由此
> 看来，我军在科纳克里成功登陆的机会并不大。另外，以现
> 有的海军力量，还不足以从海上对达喀尔实行严密的封锁，
> 所以即使戴高乐所率军队抵达波马柯，也不会对达喀尔的形
> 势产生多大的影响。所以最好的办法是让戴高乐将军的军队
> 在杜阿拉登陆，巩固喀麦隆、赤道非洲和乍得，并将其势力
> 延伸到利伯维尔。而远征军中的英国部队目前应留在弗里敦。
>
> 若戴高乐将军没有强烈反对这一替代计划，应立即实行。

*　　*　　*

9月17日，远征军到达弗里敦。所有将领都竭力反对放弃达喀尔
计划。因为海军上将坎宁安和欧文将军认为，只有了解清楚维希巡洋
舰抵达达喀尔这件事对本地的影响，才能确定这支舰队能否彻底颠覆
先前的海军形势。当前，巡洋舰已经在甲板上撑起了布篷，从其中两
艘的停泊位置来看，它们实际上毫无战斗力，反而是极易被轰炸的
对象。

这是扭转战局的另一关键点。现阶段，现场的司令官几乎都不会
草率采取大胆的行动，而那些要求冒险的压力一般都是来自国内。这
次，我们的将军，即欧文将军，出发前就在纸上仔细列出所有的顾虑。
因此，他们现在满怀热情地想把这个既复杂又掺有政治意味的作战计
划付诸行动，我对此十分意外。如果现场的战士认为是时候大干一场，

并且敢于奔赴战场，我们当然应当让他们放手一搏。于是，9月16日晚上11时52分我发出了以下的电报：

> 你们完全可以大胆地判断整个形势，同时咨询戴高乐将军的意见，我们将会仔细考虑你们提出的任何建议。

不久，戴高乐将军发出了一份言辞激烈的抗议，他主张执行原定计划。他说："英国政府最近否决了从海上直接进攻达喀尔的决定。如果它坚持这么做的话，起码请当地的英国海军和空军部队直接协助我，我将率领军队从内地进攻达喀尔，我需要他们的支援和掩护。"

我们的司令官立刻发来报告：

> 在今日的会议上，戴高乐坚持主张有必要尽早对达喀尔采取行动……他了解到，如果派特工人员予以协助，不过多的延误行动，并避免在行动中表现出过于浓厚的英国色彩，那么他很可能在达喀尔得到有力的支持。他的特工人员已经在巴瑟斯特准备就绪，并且也收到了指示。戴高乐现在提议，原定的顺利进入达喀尔港口的计划应照旧进行，如果失败，自由法国部队将试图在律菲斯克登陆，必要时海空军将提供支持，然后再继续进军达喀尔。建立据点后，英国部队只需在必要时进行登陆。
>
> 慎重考虑一切因素后，我们认为这三艘巡洋舰虽已到达达喀尔，但它带来的风险并未超出我们的承受范围，也不足以让我们放弃这一计划。因此，我们建议接受戴高乐的新提议。如果他失败了，则由英国军队继续登陆，并按原计划支援他。然而，我们将增强我们海军的实力是至关重要的。
>
> 在接到英王政府的决定后，行动计划应在四日内执行。

最后，欧文少将给帝国总参谋长来电提道：

众所周知，我已在本次行动中承担了风险。仅从作战角度看，这些风险本不该贸然承担。新情报表明这些风险很可能增多，但由于胜算很大，所以我认为值得冒险一试。戴高乐也曾答应，必要的时候将与英国军队进行合作。而且，他也不逃避与法国人作战的责任。

17日晚上9时，战时内阁召开第二次会议。大家一致同意由司令官便宜行事。直到次日中午，最后的决定才被敲定。将近一个星期后战斗才会打响，很明显我们没有耽误时间。出于内阁的要求，由我草拟了以下发给远征达喀尔的部队司令官的电报：

在此我们不能判定各个方案的利弊。我们授予你们全权负责此次远征，为实现原定计划，你们大可便宜行事。请随时向我们报告情况。

该电报于9月18日下午1时20分发出。

*　　　*　　　*

现在我们只能坐等结果了。19日，第一海务大臣称，全部或部分法国分遣舰队正离开达喀尔向南驶去。显然，该舰队曾把维希法军、技术人员和政府官员送往达喀尔。随着新军队的到来，遭遇强烈抵抗的可能性急剧增加，势必有一场激烈战斗。我那些坚韧又不失机警的同僚（在战争中正应如此）和我一样顺其事态的发展，对听到的各种报道不予置评。

20日，庞德海军上将告知我们，法国巡洋舰"普里莫格"号已被我方的"康沃尔"号和"德里"号截获，该舰已同意驶往卡萨布兰卡，现正由我军押送到那边。"澳大利亚"号发现的那三艘法国军舰，原来是巡洋舰"乔治·莱格"号、"蒙卡"号和"光荣"号。19日中

午，"坎伯兰"号与"澳大利亚"号会合，继续跟踪维希的军舰，直到夜幕降临。这些军舰现在转向北方行驶，同时加快了速度，从十五海里增加至三十一海里。一场追逐开始了。我们赶不上它们。晚上9时，"光荣"号其中的一台发动机失灵了，行进速度降到十五英里以下，我们趁机截获了"光荣"号。其舰长同意在"澳大利亚"号的押送下，返回卡萨布兰卡。这两艘军舰预计在午夜时分驶过达喀尔；"澳大利亚"号舰长告知"光荣"号舰长，如果"澳大利亚"号受到潜艇的袭击，他会立刻击沉"光荣"号。无疑，"光荣"号舰长把消息传给了达喀尔当局，因此，它们安然驶过了该地。追踪另外两艘维希军舰的是"坎伯兰"号，它在一场暴雨中追丢了那两艘军舰。后来再次发现时，它们在没有交战的情况下逃回了达喀尔。17日，"普瓦蒂埃"号在海上遇袭，便自行凿沉了。

* * *

我把战况完完全全地告知了史末资将军。

首相致史末资将军：

你可能已经见到我发出的有关达喀尔的电报。我经常在想，你多次在电报中提及不要忽视非洲地区。拯救法国殖民地的戴高乐运动已在赤道地区和喀麦隆轰轰烈烈地展开。很可能是德国派来的法国军舰和维希人员，他们企图破坏我们的成果，我们决不允许。达喀尔一旦陷入德国之手，成为潜艇基地，这将是对好望角航线的致命伤害。因此，我们已经着手布置，协助戴高乐攻占达喀尔。除非逼不得已动用武力，我们将尽可能采取和平手段。当前即将投入战斗的远征军，似乎已经做好必要的准备。

当然，与法国水兵和部分驻军发生流血冲突的风险很大。总的说来，我认为，考虑到该法属殖民地士气低沉、处境艰

难，而且海洋在我方的控制下，他们必将面临灭顶之灾，所以他们多半不会负隅顽抗。不过，尚未交手很难确定鹿死谁手。法国的态度受英国战况影响，在它倒向我方甚至是维希政府之前，我们都不应该冒这样的风险；而且任何类似奥兰事件的情况都对我们极为不利。这两种舆论让我们忧心忡忡。虽然如此，我们一致认为这种反对的理由最后可能并不成立。无论如何，与其按兵不动、坐等维希政府去败戴高乐，不如采取行动。如果维希政府在奥兰事件后或在我方的封锁压力下都未曾宣战，那么，即使达喀尔发生战斗，它也是不会宣战的。达喀尔作为战略要地，它落入戴高乐之手将产生很大的政治影响，那里还有六七千万盎司比利时和波兰的黄金，此前我们错误地判断这些黄金处于非洲内陆。此外，那艘尚未遭到彻底破坏的战列舰"黎歇留"号也会间接地落入我们手中。总之，事态已经发展至此。

目前，我们将不会插足摩洛哥，因为德国正在向西班牙施压，而且还涉及西班牙在摩洛哥的权益。卡特鲁将军下星期即将前往叙利亚，我们在那里有很大胜算。现在马特鲁港即将发生一场大战，我希望我们的装甲增援部队能及时到达。

我并不是特别担心肯尼亚的危机。只要我们据守后方，从铁路的宽轨那边迎战，让敌军寸步难行。我正设法给这个战场运送一些适用的坦克。此外，我认为这里驻扎的军队太多了，而苏丹和尼罗河三角洲那边却很需要军队。

多年以来，我们一直沿着共同遵循的道路前进。我对此感到非常愉快，充满信心。

1940 年 9 月 22 日

我向罗斯福总统发出了以下的电报：

前海军人员致总统：

　　洛西恩勋爵转来您对达喀尔的消息的反应，我听后备受鼓舞。如果德国在那里建立大型的潜艇和空军基地，将不利于我们的共同利益。看来达喀尔可能会有一场激烈的战斗，也可能没有。但无论如何，我们已经收到要全力以赴的命令。如果您派几艘美国军舰支援蒙罗维亚和弗里敦，我们将不胜欣喜；我希望那时我们已经攻下达喀尔，准备好随时待命。不过，当下最重要的是，请您传话给法国政府：在所有与美国有关的问题上宣战对他们大为不利。如果维希政府宣战，就和德国一样了，而维希政府在西半球的权益将被当作是德国的权益。

　　同时十分感谢您提醒我注意德国入侵的问题，我们已经全部准备就绪。听到有关来福枪的消息我也很高兴。

1940 年 9 月 23 日

＊　　＊　　＊

　　在进攻达喀尔的三天时间里发生的事情，我无须一一详述。它们应当载入军事史册，同时这些也很好地说明了我们运气不佳。空军部的气象学家当然仔细研究过西非海岸的天气状况。通过调查气象记录可知，每年这个季节的天气稳定，天空晴朗，时常有太阳。9 月 23 日，当英法舰队逼近这个要塞时——戴高乐和他率领的舰队在前——却是大雾弥漫。我们原本希望，既然绝大多数的居民，不论法国人还是本地人，都站在我们一边，那么，英国军舰艇需在远处的港口接应戴高乐的军舰，他们会合后便可控制当地总督的行动。然而，我们很快发现，维希党羽已经主导了达喀尔。毫无疑问，维希政府的巡洋舰的到来，击碎了达喀尔参加自由法国运动的全部希望。戴高乐的两架飞机在当地机场一着陆，驾驶员就立即被捕。其中一位还随身携带着自由法国的拥护者名单。戴高乐的代表乘着悬挂法国国旗和白旗的船只前往，竟遭到断然拒绝。随后乘坐汽艇进港的其他人遭到射击，其中一人还受了伤。这时，所有士兵都决心背水一战。同时英国舰队也在雾中逼近，驶到距岸边五千码的水域。上午10时，港口的一座炮台对我方侧翼的一艘驱逐舰开炮，我方还击，不久越来越多的舰艇加入战斗。驱逐舰"英格菲尔德"号和"先见"号受了轻伤，随后"坎伯兰"号的机舱被击中，我们不得不撤退。一艘法国潜艇刚露出潜望镜就被飞机击中，还有一艘法国驱逐舰也着火了。

关于军舰对炮台的问题已经争论了好多年。纳尔逊说过，一个六门炮的炮台就足以抵御一艘一百门炮的军舰。1916年，鲍尔弗在达达尼尔视察时说："如果军舰上的大炮能在炮台的射程之外轰击炮台，那么双方算是势均力敌。"在这次行动中，英国舰队如果部署合理，在理论上是可以抗击达喀尔炮台的，而且可以在两万七千码的距离外，在射击到一定数量时，便可击毁达喀尔炮台九点四英寸口径的大炮。但是，这时维希政府的军队还有"黎歇留"号战列舰，它可以用两门十五英寸口径的大炮同时开火。英国海军上将必须把这一点考虑在内。而且，最致命的因素是雾。因此，在上午11时30分左右战火渐渐平息，所有英国和自由法国的战舰也都撤退了。

下午，戴高乐将军试图率领部队在律菲斯克登陆。但是，这时雾气更浓、方向也更难辨明，他不得不放弃这个策略。下午4时30分，司令官们决定撤走军队运输舰，次日再继续作战。下午7时19分，伦敦收到以上消息。于是我在9月23日10时14分以个人的名义向各司令官发出如下电报：

> 既然已经开始了，我们必须坚持到底。不管发生什么情
> 况都不能半途而废。

那晚当达喀尔总督收到最后通牒时，他答复说将誓死保卫这个港口。各司令官表示他们打算继续进行这场战斗。次日的能见度比前一天好些，但仍然模糊。当我们的战舰靠近时，岸上的炮台开始向我方

开火，"巴勒姆"号和"坚决"号与敌方的"黎歇留"号在相距一万三千六百码的海域交战。不久后，"德文郡"号和"澳大利亚"号与一艘巡洋舰和一艘驱逐舰交火，最后将驱逐舰击伤。10时左右炮击停止了，这时"黎歇留"号已被一枚十五英寸的炮弹击中，曼努耳要塞也遭此厄运，另外一艘轻巡洋舰也着火了。此外，一艘敌方潜艇在企图阻挠我们前进时被我方投掷的深水炸弹逼出水面，全体船员宣布投降。我方的所有军舰都未被击中。下午，炮击又重新开始了一段时间。这一次，"巴勒姆"号被击中四次，但并无大碍。这一场炮击毫无结果，只是表明了对方的防守强悍，守军决心进行抵抗。

9月25日，战斗继续打响。当日天气明朗，我方舰队在离岸两万一千码的海域开炮，然而这次不但遭到岸上炮台准确的回击，同时也受到"黎歇留"号的两门十五英寸口径大炮的射击。达喀尔驻军司令利用烟幕遮住了我们的目标。9时一过，"坚决"号战舰便被一艘维希潜艇的鱼雷击中。随后，"鉴于'坚决'号的情形、敌潜艇继续进攻的危险以及岸上守军的精准射击和坚定的抵抗决心"，海军上将决定向大海方向撤退。

同时，国防委员会会议在上午10时召开，我不在现场。会上指出，不应向各司令官施加压力，迫使他们采取任何有悖于他们明智判断的行动。内阁会议于上午11时30分召开，其间，我们收到今天早上的战况汇报。这些消息似乎清楚地表明，我方已在物力允许的条件下，采取了最审慎的行动。几艘军舰已遭受重创。对方显然要死守达喀尔。没有人能断定，这样继续激烈交战下去是否会促使法国维希政府宣战。因此，我们在经过艰难的讨论后，一致同意不再打下去了。

于是我向各司令官发出以下电报（9月25日下午1时27分）：

> 根据我们目前所掌握的消息来看，包括"坚决"号受创一事，我们决定中止进攻达喀尔的计划，如果我们继续进攻显然将遭遇不测。除非还有我们尚未获悉的情况，使你们试图继续登陆，否则，应就此停止。请用"最急电报"回复你

们是否同意这样做。但除非战局反转，我方处于绝对优势，否则你们在收到我们的指示前都不应开始登陆。

　　假设放弃这一计划，我们将依靠海军的力量竭力掩护杜阿拉，但我们保护不了戴高乐在巴瑟斯特的军队（如果他们还在那里的话）。我们现在正考虑扩充弗里敦军队这一问题。我们将在收到你们的答复后，即刻发出部署剩余部队的指示。

各司令官的答复如下：

　　同意中止战斗。

＊　　＊　　＊

前海军人员致罗斯福总统：
　　我们不得不放弃攻占达喀尔的计划，我对此深表遗憾。维希政府抢占了先机，他们利用其党羽和炮手加强防御工事。所有支持我们的人都遭到扼杀和镇压。
　　我们的几艘军舰被击中。只要你考虑到我们当时的情形，就会明白继续坚持登陆是不自量力的做法。
1940 年 9 月 25 日

＊　　＊　　＊

　　在过去三天的炮击中，没有一艘英国军舰被击沉，不过“坚决”号受创，几个月内都不能参加战斗，还有两艘驱逐舰需要送到国内的船坞进行大规模的修理。维希方面有两艘潜艇被击沉，其中一艘潜艇的船员获救，两艘驱逐舰被烧毁并搁浅。“黎歇留”号战列舰被一枚十五英寸炮弹击中，并受到两枚险些把它击中的二百五十磅炸弹的重创。在达喀尔当然无法修理这艘庞大的战舰，它在 7 月间曾因受创而一度不能航行，现在它肯定不是我们要考虑的威胁因素了。

在这次远征计划中，我注意到战时内阁和司令官们的主张一变再变，这实在有趣。起初司令官们并不十分热心，欧文将军为保全自身，他给帝国副总参谋长写了一篇长长的备忘录，详述种种理由，并在文中强调一切困难。当远征军驶过加那利群岛南部时，法国巡洋舰队及其援军维希党羽凭借法兰西共和国当局的物质支持和精神支持，溜过了直布罗陀海峡。从这时起，我确信形势已经转变；战时内阁接受了我的建议，并得到参谋长委员会的支持，同意中止这一计划。现在并不算晚，而且尚未遭受什么损失，也还没到计划失败的绝境。

这时，几位现场的司令官却自告奋勇强烈要求采取行动。战时内阁认为，应该赋予各司令官自由，听凭他们自行判断。我对此十分赞同。因此，我们采取了行动。很明显，从达喀尔强劲的抵抗来看，战时内阁的决策很明智，它听取的意见也是正确的。

达喀尔战役的激烈程度远超乎我们的预期，即便如此，维希政府仍没有对大不列颠宣战，在这点上我们的判断是对的。作为反击，他们只是从北非空袭直布罗陀。9月24日到25日期间，他们连续空袭直布罗陀的港口和船坞；第一次，投下了一百五十颗炸弹；第二次，有一百多架飞机出动，投下的炸弹是先前的两倍。法国飞行员似乎心不在焉，多数炸弹都落到海中，几乎没有造成什么损失，也没有人员伤亡。我们的防空炮台击落了三架敌机。达喀尔之战以维希政府获胜告终，这件事就这么悄无声息地"终止"了。

英国海军和陆军司令官没有受到责备，而且他们一直任职到战争结束。其中海军上将还被授予最高荣誉。对敌情估计失误应从轻处理，这是我的原则之一。如果他们通过了解当地的情况，相信可以完成任务，那么他们踊跃一试是十分合乎情理的；他们低估了法国巡洋舰及援兵的到来对维希驻军所产生的影响，这决不能算在他们头上。关于戴高乐将军，我曾在下议院说过，他这次的行为和表现，使我前所未有地相信他。

达喀尔事件值得我们认真研究，因为它在很大程度上不仅说明了

意外状况对战争的影响，还揭示了军事力量和政治力量的相互作用，以及在有盟军参与时联合作战的困难。大部分人认为，这似乎是由于估计错误、部署混乱、临阵怯懦和糊涂行事而失败的典型例子。这件事在美国引起轩然大波，因为达喀尔靠近美洲，关系到美国的切身利益。澳大利亚政府也感到忧虑。国内也纷纷抱怨战争指挥不当。但是，我决定不作任何解释，同时议会也尊重我的意愿。

＊　　＊　　＊

反观这件事，也许我们应该采取一种更为积极的态度。研究海军史的人，可能会发现这场战役和三百多年前的另一场战役非常相似。1655 年，克伦威尔曾派遣一支海陆联合远征军去围攻西印度群岛的圣多明各。那次进攻失败了，但是远征军司令官没有空手而回，他们接着去夺取了牙买加，最终转败为胜。

虽然我们在达喀尔失败了，但我们却成功地阻止了法国巡洋舰的前进，并且使他们一心想去挑唆法属赤道非洲驻军的企图落空。戴高乐在两周内就立足于喀麦隆最大的城市杜阿拉，并将其建设成自由法国事业的一个基地。自由法国在这些地区的活动颇有成效，不但制止了维希毒素的渗透，而且，通过控制中非，从塔科拉迪到中东的这条横贯大陆的空中航线也得到了发展。

第二章

TWO

艾登先生的使命

张伯伦先生退休——内阁人事变动——我们在沙漠前线力量的加强——我对中东军政当局的责难——对马耳他岛的忧虑——艾登先生与各将领在开罗召开会议——我打算先发制人，对意军采取进攻行动

9月底，张伯伦先生的健康每况愈下。7月份他做了一次手术，术后他鼓起勇气继续工作。结果医生告知他得了癌症，并且外科手术也无力回天了。现在，他才意识到自己再也不能工作了。因此，他向我递交辞呈。由于情况紧急，正如我在前文提到的，有必要进行政府内部的人事调整。约翰·安德森爵士任枢密院院长并主持内阁内政委员会，赫伯特·莫里森接替他任职内政大臣兼国土安全大臣，安德鲁·邓肯爵士任军需大臣。10月3日起开始生效。

张伯伦先生还认为他应该辞去保守党领袖的职务，并邀请我继任。我必须扪心自问——关于这个问题也许有各种看法——一个大党领袖的身份，和我自身的首相职务，这一职务是由英王和议会授予、由各党联合组成并受到各党支持，这两个职务是否相容。毫无疑问，我认为是可以的。因为和其他政党相比，保守党在下议院的席位占绝大多数。因为战争的影响，如有意见分歧或陷入僵局，我们也无法用解散议会、举行选举的办法来诉诸国民。在此危急存亡之际，在屡败屡战的情况下，如果我的决策不仅需要经过两个小党领袖的同意，还要获得保守党这个大党的同意，那么，我就无法指挥这场战争。不论是谁当选，也不管他有多么崇高的献身精神，他必须掌握实际的政治权力。对我来说，这种权力只代表行政责任。

在和平时期，这些论点并不适用。但如果不这么做，我认为自己

不能克服战争带来的考验。而且，我能应对工党和自由党的联合，因为重点在于我作为首相，同时又是最大政党的领袖，我并不依赖他们的投票，即便没有他们，我也能通过议会做出最后的决策。因此，在大家的托付下我接受了保守党领袖的职务。我相信，如果没有这个职权以及保守党人对其领袖的忠诚拥护，我也不能在战争获胜时功成身退。如果我拒绝担任，保守党内另一个最有希望的候选人则是哈利法克斯勋爵，而他提议要我继任，并经全党一致通过。

* * *

这个夏天我们经历了许许多多惊心动魄的时刻，但必胜的信念与日俱增。到了秋天和冬天，我们又陷入错综复杂的困境，虽不像夏天时那么惊险，但却更加令人困惑。显然入侵的威胁已减轻。在空中进行的不列颠之战，我们已经获胜。我们成功扰乱了德国的波束。我们本土军队和国民自卫军已经日益壮大。10月的暴风，使英吉利海峡波涛汹涌，危险莫测。我先前引以为欣慰的种种论据，都一一证实，更加可信了。在远东，日本宣战的危险似乎已经减轻。他们想等着看看德国入侵我方的情形，但德国没有入侵。日本军阀想确保万无一失，但在战争中这是罕有的。如果他们认为不宜在7月对我们宣战，那么，现在在大英帝国的光辉更加灿烂，世界局势对日本更加不利，他们为什么要向我们发动战争呢？在封锁滇缅公路三个月后，我们足以有能力重新予以开放。日本人海战经验丰富，他们对于海战的看法也许同英国海军部一致。在这次对未知因素的大致评估中，结果证明我们并没有判断失误。

我很乐意给总统发电报，这些信息肯定能让他和美国人民为之一振。

前海军人员致罗斯福总统：

我们就各项有关问题进行了长时间的考虑，今天终于决

定重新予以开放。我知道，让您发表任何声明承诺美国在太平洋采取假定的行动，这是多么令您为难。但是，我冒昧地问一句，当前采取一个简单的行动难道不比说空话强吗？您是否愿意派遣一支美国舰队——规模越大越好——前往新加坡作一次友好访问呢？新加坡方面将以十分正规和恰当的方式迎接。如果您愿意，也可以利用这次访问的机会，就新加坡和菲律宾水域的海、陆军问题进行技术探讨，也可邀请荷兰参加。在这方面，只要稍有举动，就足以对日本产生显著的威慑效果，使它不敢因重开滇缅公路而对我们宣战。如果您愿意考虑在这几方面采取行动，我将不胜感激，因为这对防止战火的蔓延至关重要。

尽管我们在达喀尔遭遇滑铁卢，但是维希政府仍努力同我们建立关系，这体现了当前法国国内的局势。他们已经感觉到德国的压力，并相信我们能够一起保卫法国。

相对而言，虽然实际上我们在空中的地位正逐步提高，但依然迫切需要飞机。有几处重要的工厂曾遭受重创，生产率受到空袭警报的影响。另一方面，飞行员的伤亡情况比预期的好，由于是在本土上空作战，大部分都能安全降落或者仅仅受了轻伤。在你们到访期间，我们曾对有关飞行员的问题进行讨论。我们现在认为，在接下来的时间，飞机将是主要的限制因素。

我不敢说入侵的威胁已经过去。如今，这位绅士已经脱去衣服，穿上浴衣，但水却越来越冷，空气中夹杂着一丝秋天的寒意。我们将保持最高的警惕。

1940 年 10 月 4 日

*　　*　　*

在世界的另一端发生的这些令人兴奋的事，为我们在中东采取更

加强硬的行动扫清了道路。我们要全神贯注对付意大利，他们的行动比我预想的要迟缓的多。强大的增援部队已经与韦维尔将军会合。两个坦克团已到达沙漠。统率着传说中的"尼罗河集团军"的梅特兰·威尔逊将军，对于"马蒂尔达"——部队给步兵坦克即"I"式坦克所起的别名——的潜力评价颇高。当下我们在马特鲁港的防御阵地已相当坚固（虽然我当时还不知道这一情况），中东司令部的参谋和决策人员已开始计划新的行动。显然，我们下一步的主要任务是壮大我们在中东的部队，尤其是西非沙漠的部队，这些士兵均来自英国和印度。

我和海军部就护航队通过地中海的这个问题仍在争论。我说："现在你们看清局势了吧，我们本该尝试一下。"他们却回应道："毕竟当时情况没有那么紧急。"我仍对当前中东的兵力部署十分不满，而且还有另一个问题，在我看来，军粮补给远跟不上战斗力发展的需要。我十分担忧马耳他岛。关于这些问题，我直接催促过韦维尔将军和陆军大臣，或者间接地通过参谋长委员会敦促他们。我给艾登先生写了一封信：

首相致陆军大臣：

　　我们在原则上并无分歧。但对于应用过程中的细节问题意见不一，特别是在入侵威胁迫在眉睫时调动本岛的兵力这件事上。同时，参谋部不断要求从中东调遣兵力，如把澳大利亚第七师调去驻防马来半岛。目前拟将那两个印度旅调往这片热带丛林，以防发生对日战争，或者日本包围新加坡，虽然后者的可能性更小。

　　昨晚，我和参谋长们一起研究了有关印度增援部队的文件。文件中提到，派一个师到马来亚，另一个师到巴斯拉，还要把一个军派往伊拉克。这样一来，1941年派往印度的增援部队将被全部调光。这种地理上的兵力部署或分散说明了我军的指导思想，而这种思想从战略上看完全是错误的。然

而他们向我解释说，虽然这些军队被派到特定的战场，但如有必要，也可全部调往中东。因此，我同意在文件附注中说明这一点。尽管如此，在有关抽调这些师的段落里却没有提及战争需要，我对此印象很不好。

接下来我们还讨论了肯尼亚军队日益冗余的问题，巴勒斯坦也是如此。虽然巴勒斯坦的情况已略有好转，但肯尼亚的情形却相反，本该调往苏丹的山地炮兵又被调往此地。恐怕史末资将军一到那儿，自然就会受到当地情况的影响。不过，我打算用电报和他保持联系。

最后一点，英国正规军的冗余情况也很惊人，苏伊士运河、开罗和亚历山大的兵力仅仅只用来执行警察任务。集中最大兵力投入战争以及缩小给养供应与战斗力的差距，中东司令部在这两方面都做得不尽人意。我曾要求了解相关数据，但迄今尚未收到任何回复。

我和你的想法一致，力求在数月内召集中东地区最强的军队，并且我在其他文件中也提到我期待的在当地聚集的军队数量。我认为，最妥善地安置他们已有的大批部队，是陆军部和埃及统帅部的首要任务，而且我们为此付出了大笔开销。

此外，我对马耳他的情况深感不安。虽说现在已同意派遣两个营援军，但这之前经历了多少争论和犹豫不决，甚至还借口说岛上容纳不了这么多人。多比将军赞赏这一决定，他说他的每个营都要据守长达十五英里的防线，并且所有的后备队都被派去保卫机场，你看到他的报告了吗？我们没有马耳他岛的掌控权，意大利随时可以派出两三万人的远征军，在意大利海军的支援下进攻马耳他岛，你认识到这一点了吗？尽管我们控制了大西洋，敌人无法进攻弗里敦，但还是建议把这两个营调到那里，去补充当地的兵力。我相信，你会原谅我向你提出这些问题，因为它们体现的作战倾向与你的作

战计划大不相同。

1940 年 9 月 24 日

首相致伊斯梅将军：

　　无论舰队何时从亚历山大前往地中海中部，都应向马耳他派遣援军，因为该岛目前的形势十分紧急。这些增援部队可以从运河区的军队中抽调出来，所遗防务由目前驻扎在巴勒斯坦的义勇骑兵队或澳大利亚分遣队接替，或者由即将从肯尼亚调出的南非部队接替。请向我就这几方面提出建议，并且确保下一次至少要派一个营前往马耳他。我们不能把正规营浪费于埃及的内部治安。如果需要他们充当野战军，当然就无法调动，但是他们目前并没有用于野战。

1940 年 10 月 6 日

＊　　　＊　　　＊

　　我同陆军大臣的意见完全一致，并且认为到当地提出我们的意见很有必要，而不是通过没完没了的电报。因此，当我问他是否愿往中东一行，亲自视察一下，他十分乐意，并且立即动身。他普遍地视察了整个战区。在他出差期间，由我接管陆军部的事务。

　　这时，我也把我对整个战局的看法告知了三军参谋长委员会。

首相致伊斯梅将军，转参谋长委员会：

　　1. 当务之急是增援马耳他。

　　（1）尽量设法增派"旋风"式飞机前往该岛；

　　（2）利用目前正在筹备中的护卫队，让他们尽可能装载更多的防空装备，以及各营部队和炮兵——我了解到另一艘军队运输舰也即将准备就绪；

　　（3）在下一支舰队从亚历山大前往马耳他时，应调一个

或最好是两个营随其前往。从多比将军对当地最新情况的估计来看，加强防守力量是必不可少的。我们应当竭尽全力满足他的需要，因为，一旦马耳他对意大利构成威胁，敌人便可能发动进攻。因此，应当在马耳他采取任何显著的行动前，抓紧调遣集援部队。

（4）甚至三辆步兵坦克对马耳他岛也很重要，不仅在实际的防御上起作用，而且只要敌人有所耳闻也会被震慑。同时也可以在容易被空中侦察的地方，摆放一些坦克模型。

2. 必须在加强防空力量后才能将舰队开往马耳他。然而，加强防空力量是最迫切且能带来长远益处的举措。我欢迎在马耳他驻扎舰队的提议，哪怕是轻型舰队，因为该岛的安全保障可以即刻得到提高。我了解到这支舰队计划白天出港巡航，夜间返港停泊。我们应该留意像"英勇"号这种坚固的舰艇，它比轻型舰艇更经得起炸弹的袭击，此外该舰还装有二十门高性能高射炮。既然轻型舰队可以出现在马耳他港，那么，除了危险性稍高一些，没有什么理由可以阻止使用装甲坚固、武装完善的船只。使用多管不旋转投射弹武器，可以很有效地抵抗敌人的俯冲轰炸。

关于这一问题，我希望能从海军部了解到更全面的情况。

时常展示整个主力舰队，能有效地震慑敌人的进攻。而且，这对（敌人）通往利比亚的交通线——只要敌人还在利比亚——也是一种威胁。

请告知我以下信息：已架起的高射炮的数目、新护卫队（上面的高射炮）最大的运载量，以及预计的部署日期。

3. 同维希的关系。我们不能因为担心维希政府空袭直布罗陀而屈服于它，这样下去将会没完没了。我们必须重申封锁直布罗陀海峡的主张，不论船只有无护航舰护送，都一并处理，虽然它们尚未侵犯西班牙的领海。为了这一目的，我们必须尽早在直布罗陀集结充足的兵力。同时，我们应尽可

能对达喀尔实施最严密的封锁，并且保护杜阿拉等地，使之免受法国在达喀尔的巡洋舰的反攻。同维希的会谈——如果有机会的话——也许能达成和这些紧急事项无关的临时协定。当然，如果我们确信维希人员或其中的一部分人真心倒向我方，我们可以在很大程度上对他们放宽控制。他们可能会越来越愿意顺从我们的意愿行事，并且我个人认为，即使对他们施加重压也不会改变他们倒向我方的行为。维希政府想领导法国与我国作战，这已经日益困难。我们不必太过担忧，因为有利于我方的形势即将成为主流，它将克服封锁带来的令人不安的问题以及可能的海上事故。我认为我们与法国人之间不会发生任何问题，导致阻碍我方的护卫队开往马耳他。机会就在这里，只是任重道远，我们必须去面对。

4. 轰炸机指挥部提出重赏，鼓励打击"俾斯麦"号和"提尔皮茨"号，使它们丧失战斗力。如果能够阻止"俾斯麦"号在三或四个月内参战，那么"英王乔治五世"号便可前往地中海东部执行任务，从而在舰队占领马耳他时起决定性的作用。这将迅速颠覆地中海的战略形势。

5. 如果过了 10 月仍无敌人入侵，我们将用尽我们最大的航运量，通过好望角航线支援中东。按原定计划，11 月运送装甲部队、澳大利亚部队和新西兰部队，圣诞节前运送一个英国师，1、2、3 月间至少再运送四个师。这些部队都是在必要的分遣队以外的。请告诉我，目前的航运计划的进展情况。

6. 是时候进一步调动轰炸机和战斗机来增援中东了。我希望了解参谋长委员会的准备进度，值得注意的是，这样做虽然危险很大，但也是十分必要的。

7. 请告知我有关未来半年增援地中海舰队的计划。

到年底，应当可以派遣三个驱逐舰分遣舰队前往地中海东部，另一个分遣舰队到直布罗陀。如果"英王乔治五世"

号必须用来监视"俾斯麦"号，那么，则应派遣"纳尔逊"号或"罗德尼"号前往亚历山大，或者是"巴勒姆"号和"伊丽莎白女王"号中的任意一艘。你们计划增援哪些巡洋舰？可否也派出"可畏"号（航空母舰），计划是在什么时候？

8. 随着这些师派往中东，应相应地发展本土防卫部队和国民自卫军，以填补缺额。

9. 任何时候，除了担任海滩防御的部队以外，应当至少还有十二个机动师（在国内）作为后备。

1940 年 10 月 13 日

＊　　＊　　＊

此时，艾登先生正在视察途中。他"对于近期直布罗陀防御工作的快速进展印象深刻"，他说，这项工作是"殚精竭虑、坚定决心和巧妙构思之后才得以继续开展的"。部队的士气高昂，要塞守军充满信心。他更担心的是马耳他的局势，要求至少再派遣一个营和一支能发射二十五磅重炮弹的炮兵部队，当然，还应不断支援空军。总督多比将军认为，1941 年 4 月前应重点避免在马耳他采取攻势，以免引起对方的反攻，因为增援飞机和高射炮的各项计划要到那时才能完成。

15 日，艾登先生抵达开罗。他同韦维尔将军和指挥沙漠兵团的梅特兰·威尔逊将军进行了磋商。他们对于击退意军的进攻信心十足。威尔逊将军估计，意军最多用三个师进攻马特鲁港，而且它将受到给养——尤其是水——和交通的限制。为了应对意军的进攻，他手下有第七装甲师以及新调来的坦克团、第四英印师、由五个来福枪营组成的马特鲁港驻屯军、一个机关枪营和八九个炮队。第十六英国旅和新西兰旅已经从巴勒斯坦抵达战场。一个澳大利亚旅驻扎在亚历山大以西，另外一个澳大利亚旅也正向那里聚集，此外还有一个波兰旅。艾登写道，威尔逊将军相信，只要获得足够的空军支持，集结在这里的这些军队足以应付敌人的威胁，并打败敌人。艾登补充道，我先前建议的泛滥区计划①现已实施，并设置了反坦克障碍物。他列出了一张详细的军需品清单，着重强调飞机。由于当时伦敦正处于轰炸高潮，这一请求说起来容易但做起来十分困难。他极力主张，11 月护航舰队中应包括一个步兵坦克连，目的地是苏丹港，以便针对来自青尼罗河的卡萨拉意军采取攻势。

艾登在开罗也提出了一个关键问题：如果意大利按兵不动，我们的部队将作何打算？对于这个问题，各位将领的第一反应是采取攻势。艾登来电说："从我们今天早上的讨论来看，步兵坦克（马蒂尔达）在这个战场的战斗中所发挥的作用远远出乎我们的意料。"韦维尔将军很希望增加一个"I"式坦克营，以及一个旅部修理排，这对于保持坦克最高的使用率特别重要。

尽管陆军大臣在来电中尚未提及采取攻势一事，但我为所有的好消息不胜欣喜，于是敦促他继续视察。

首相致陆军大臣：

　　我对你的所有来电都深感兴趣，并已读完所有信息。我意识到你的这次视察很有价值。我们正在考虑如何满足你的需求。同时，请你继续把控当地局势，不必急于归来。

1940 年 10 月 16 日

一个土耳其军事代表团加入我军，艾登为此做了进一步的安排，他还建议同史末资将军一同参加喀土穆的会议，就全盘局势进行讨论，特别要讨论从苏丹进攻的计划以及我对肯尼亚驻军过多的反对。这次会晤定在 10 月 28 日举行，后来这个日子被赋予了重大意义。我几乎无须多说，要求各种装备的请求源源不断，诸如要求援助埃塞俄比亚起义的一万支来福枪，特别是要求反坦克炮、反坦克枪、高射炮和空

_____

① 利用尼罗河的泛滥，在合适地点造成泛滥区，以阻止敌军的挺进。——译者注

军的增援。此时，我们只能削减本土防御兵力而尽量满足这些请求。我们甚至满足不了大家一半的需求，因此，每个人所得到的东西不足以跟别人分享，也不能从另一个处于危难中的人手中获得。

艾登先生打算在喀土穆会谈后立即经拉各斯飞回伦敦，他更愿意通过口头报告的形式汇报他的所见所闻。我为当前的局势深受鼓舞，迫切想在西非沙漠地区转入攻势。因此，我给他发了一封电报：

> 你应当在离开前同各军将领仔细探讨，能否采取先发制人的攻势。此时我还不能给出意见，但是，如有其他办法，那么不必等到聚集和部署好大军后才行动，这并非良策。我认为用防卫战和反攻来击退敌人，是最佳的方案。但是，如果敌人在德军的大部队到达以前并没有发动进攻，又该怎么办呢？无须就此问题作出答复，等回到英国后再进行商讨。
>
> 请依据我们现有的补给能力，为确保我们能获得最多的战斗士兵和部队，请仔细分析中东陆军的战地情况。能否临时从白种人分遣队中抽调兵力，以维护苏伊士运河区和埃及内部的治安，请对此进行研究。请保持英国所有军营的流动性，随时做好参战的准备。我担心中东的战斗力量和补给能力是最不协调的。请不要给我无关痛痒的回复。军械处和兵站人员以及其他技术分遣队都可以在他们的驻扎地维持秩序，应当把他们组织起来，以备不时之需。不仅要让精锐的部队发挥作用，也要充分发挥其他部队的作用。
>
> 1940 年 10 月 16 日

于是，对于这个主要问题，来自国内和战场的意见逐渐趋于一致。

第三章
THREE

同维希和西班牙的关系

同法国团结一致——美国和加拿大同维希保持联系——戴高乐将
军遇到的困难——对法国战舰采取强硬措施——贝当向总统提出保证
——塞缪尔·霍尔被任命为驻西班牙大使——阿尔赫西拉斯湾与中立
地带——西班牙政府对希特勒的巧妙外交——佛朗哥的拖延战术——
希特勒对西班牙失望

　　尽管法国与德国签订了停战协定，尽管由于奥兰事件，我们同维
希政府断绝了外交关系，但我从未放弃与法国联合的愿望。法国沦陷
的厄运，令一些杰出的法国名将面临种种个人压力。所以凡是未曾深
受其苦的人，在对个别人物进行评价时，应持谨慎态度。当然，法国
错综复杂的政治问题，并不属于本书的讨论范围。但我确信，一旦真
相大白，法国人民定会为共同事业竭尽全力。所以，当他们听说：只
有跟随声势煊赫的贝当元帅，自己才能获救，而英国能够给予法国的
援助寥寥无几，它也很快就会被人征服或者自行投降时，法国民众别
无选择。不过我确定，他们希望我们打赢这一仗，再也没有什么比看
到我们继续斗志昂扬地战斗更能令他们感到高兴了。而戴高乐将军英
勇不屈、百折不挠，因此我们的首要任务就是始终不渝地支持他。8
月7日，我与将军签订了一项军事协定，以解决其实际的需求。他那
激动人心的演说，已经通过英国广播电台传送到了法国以及世界各地。
贝当政府宣布对他处以死刑，反而令他声名大振。我们竭尽全力地支
持他，努力扩大了他的活动范围。

　　与此同时，我们不仅要与法国保持联系，甚至还须与维希政府保
持接触。因此，我总会尽量地利用他们。1940年底，美国派海军上将

莱希担任驻维希大使，他本人威望很高、地位显要，且与总统交情甚好，这令我不胜欣喜。我一再敦促加拿大总理麦肯齐·金将他那位颇有手腕的代表——杜普伊先生也留在维希。毕竟当我们无法进入一个庭院时，至少要给我们留下一扇窗口。7 月 25 日，我将一份备忘录送交外交大臣，内容如下："我打算在维希政府中暗中策划，使其政府中的某些人，或许能在征得其余人的同意后逃往北非，以便在北非海岸以独立的地位更加有力地为法国讨价还价。为此，我打算以提供粮食以及其他有利条件，通过一些显而易见的论据来说服他们。"本着这种精神，我打算在 10 月份接见鲁吉埃先生，他声称自己是奉贝当元帅的亲自指示前来。当然，这并非由于我或我的同僚尊敬贝当，而仅仅是因为我们不应任性地阻断任何接触法国的途径。我们的一贯政策是：让维希政府及其成员感觉到，就我们而言，只要他们愿意改正错误，永远不会为时过晚。不论以往发生了什么，法国依然是我们的患难伙伴。因此，只要两国之间没有真正交战，任何事情都不会阻碍法国与我们一起分享胜利的果实。

这种政策令戴高乐举步维艰。为了保证法国国旗高高飘扬，他不顾一切艰险，然而他在国外的追随者实在为数甚少，不足以宣布成立一个有效的法国政府。尽管如此，我们依然竭尽全力来提升他的威望，扩大他的权限，并增强他的势力。从他的立场来看，他自然对于我们同维希之间的任何接触都会感到愤懑，认为我们应当只忠实于他一人。他还觉得，要想在法国人民心中占据一席之地，就必须对"不忠实的英国老大哥"保持一种高傲的姿态，尽管他只是一个寄人篱下、受我们保护的流亡者。为了向法国人民表明他并非英国的傀儡，他不得不态度粗鲁地对待英国人。他确实坚定不移地贯彻了这一方针。有一天，他还就这种伎俩特地向我做出解释，对于他极端困难的处境，我也表示充分理解。对于他强大的魄力，我则自始至终深感钦佩。

＊　　＊　　＊

10月21日，我通过无线电广播向法国人民发出呼吁。我绞尽脑汁准备这篇简短的演说，因为必须用法语来讲。一开始我对直译过来的讲稿很不满意，因为它未能用法语传达出我在英语里表达的思想。不过，有一位住在伦敦的自由法国成员迪歇纳先生，他帮助我很好地传达出原文的精神。我反复排练，最终在阿内克斯的地下室里，在空袭的轰炸声中，完成了演说。

　　三十多年来，不管是和平年代还是战争岁月，我一直同你们并肩前进，现在也是如此。今晚，不论你们身在何方，遭遇何事，我就像在壁炉旁一般同你们谈话。我复述着刻在金路易①周围的那句祈祷文："愿上帝保佑法兰西。"我们身处英国国内，在德国鬼子的炮火之下，但我们没有忘记同法国团结在一起的千丝万缕的联系。现在，我们不屈不挠，斗志昂扬，为欧洲的自由以及世界人民的公平正义而战，为此，我们一起拿起武器，并肩作战。善良的人一旦受到龌龊之辈的袭击和摧残，切不可产生内讧。我们共同的敌人总是在设法制造这种局面，当然，不幸的是，我们之间也发生过许多事情，从而上了敌人的圈套。如有类似情况，我们应当努力朝好的方向发展。

　　希特勒扬言要把伦敦化为灰烬，他的飞机现正在进行轰炸，然而伦敦人民等闲视之，无所畏惧。我们的空军战斗力仍绰绰有余。我们正在等待那个蓄谋已久的入侵。连海里的鱼也在等待。但是，对我们来说，当然这只是一个开始。现

――――――――――

　　①　法国大革命前的一种金币，在金币正面，周围刻有"愿上帝保佑法兰西"这句祈祷文。——译者注

在是1940年，虽然我们偶尔也会遭受损失，但是我们依旧掌握着制海权。到1941年，我们将掌握制空权。请记住这意味着什么。希特勒先生利用他的坦克和其他机械化武器，以及与叛贼勾结的第五纵队，暂时征服了绝大多数欧洲的优秀民族，而他那个小小的意大利帮凶，则谄媚地紧随其后，贪婪地渴求得点好处，却弄得精疲力竭，战战兢兢。他们俩把法国当成一只鸡，都想分割法国和法兰西帝国：这个想要一条腿，那个想要一只翅膀或者一块胸脯。不仅是法兰西帝国将被这两个卑鄙的家伙吞噬，就是阿尔萨斯—洛林也要再次遭受德国铁蹄的践踏，尼斯、萨瓦和科西嘉——拿破仑的科西嘉①——也会从法兰西的大好河山中分割出去。但是希特勒不仅是想盗窃他国的领土，或把领土一块块地纳入他的小联邦。说实话，你们必须相信：这个恶徒，这个因怨恨和失败而形成的穷凶极恶的怪物，已决心要彻底消灭法兰西民族，要断送她的生命和未来。他通过所有狡猾和野蛮的手段，企图永远消灭法国特有的文化源泉，阻碍法兰西精神在世界范围内的传播。如果他的阴谋得逞，整个欧洲将沦陷为德国鬼子的领土，受尽纳粹匪徒的剥削、掠夺和欺凌。请恕我直言，因为现在不是兜圈子的时候。将来，法国之所以难逃德国人的魔掌，并不是因为法国打了败仗，而是因为它所有的一切都遭到毁灭，荡然无存。陆军、海军、空军、宗教、法律、语言、文化、制度、文学、历史和传统，在战胜国的武力和警察无所不用其极的卑劣手段下，这一切都将消灭殆尽。

事不宜迟，法国人应尽快重振精神。请谨记拿破仑在某次战役之前说过的话："虽然现在普鲁士人如此自负，其实他们之前在耶拿是三对一，在蒙米赖是六对一。"我决不相信法兰西的灵魂已经死亡！也决不相信它列居世界最大国家之一

---

① 拿破仑出生于科西嘉岛的阿雅克肖。——译者注

的地位已经永远消逝！希特勒以及他的所有党羽，一定会因为这些阴谋和罪行遭到报应，我们当中也会有许多人能够亲眼见证这个时刻。虽然故事尚未结束，但也将为期不远。我们正在对希特勒进行跟踪追击，我们大西洋彼岸的朋友以及你大西洋彼岸的朋友也在这么做。如果希特勒不能毁灭我们，我们就一定要毁灭他和他的同伙，消灭他们所干的一切事情。因此，你们要充满希望和信心，因为一切都会好的。

目前战况艰苦卓绝，我们对你们有什么要求呢？我们此时需要你们和英国人一起奋力抵抗，共享胜利果实。如果你们无力援助我们，至少也不能成为累赘。不久，你们就能够给这只捍卫你们的铁拳贡献力量，而且你们也应如此。但是，此刻我们依旧相信，无论在什么地方，法国人民一听到我们在空中或海上的捷报，或不久——这天肯定会到来——在陆地上打了胜仗，他们便会心潮澎湃，热血沸腾，骄傲不已。

请铭记于心，我们将永不停止，永不疲倦，永不屈服，我们全国人民誓要肩负起这一任务：扫除纳粹在欧洲布下的毒瘤，把世界从新的黑暗时代中拯救出来。请相信，我们不像德国无线电台所说的那样，说英国人企图攫取你们的船只和殖民地。我们想夺取的是希特勒和希特勒主义的生命和灵魂。仅此而已，别无其他，不达目的，誓不罢休。我们不觊觎他国的任何东西，我们想得到的是尊重。在法兰西帝国和在所谓的法国非占领区的法国人，随时可以采取行动。由于敌人在监听，这一点我就不详述了。对于那些身处德国蛮子的严刑峻法、压迫和监视之下的人，英国人的心完全与他们同在，我想对这些处于沦陷区的法国人说，当他们思考未来时，请想起伟大的法国人甘必大。1870年后，谈到法国的未来时，他曾说过："铭记于心，但缄口不谈。"

晚安！歇息吧，为明早养精蓄锐！曙光即将来临。晨曦将灿烂地照耀着英勇、忠实的人们，温暖地笼罩着为我们的

事业受苦难的人们，壮丽地抚慰着长眠的英灵。黎明时分，荣光照耀。法兰西万岁！世界各国人民万岁！他们秉承着公正忠实的传统，向着更广阔、更充实的时代前进。

毫无疑问，这次呼吁触动了千百万法国人的心，直到今日，法国各阶层的人民还向我提及这件事。为了挽救我们共同的命运，有时我不得不对他们做出无情的举动，但他们仍然以最大的善意对待我。

＊　　　＊　　　＊

我们确实必须坚持重要的措施。我们不能放松对欧洲的封锁，特别不能放松对法国的封锁，因为它们还处于希特勒的统治之下。为满足美国人的需求，有时我们会允许某些指定船只运送医药用品到法国的非占领区。除此之外，我们绝对会严格拦截和搜查所有过往法国港口的船只。无论维希作何打算，我们都不会抛弃戴高乐，更不会阻止他在殖民地范围内逐步扩张他的势力范围。尤其重要的是，目前法国舰队的一些舰艇羁留在法国的殖民地港口，而我们不会允许其中的任何舰艇驶回法国。海军部有时非常担心，唯恐法国雪上加霜，要向我们宣战。但我一直相信，只要我们能够证明自身有决心也有能力无限期地打下去，法国人民就决不会允许维希政府采取这样一个违反天性的举措。的确，此时此刻，法国人民已对英国抱有热切的期望，并且将其视为同舟共济的战友。随着时间流逝，法国的希望也与日俱增。甚至连不久之后将代替贝当元帅出任外交部部长的赖伐尔先生，也意识到了这一点。

冬天就要到了，我担心那两艘法国巨型战舰企图开回土伦，它们将在那里继续修建。由于罗斯福总统的特使李海海军上将和贝当元帅的关系密切。因此，我向罗斯福总统求助，结果颇有成效。

前海军人员致罗斯福总统：

我们收到多方传言，称维希政府将用军舰和殖民地军队去支援德国与我们为敌。其实我并不相信这些报道，但如果土伦的法国舰队投奔德国，对我们将是一个十分沉重的打击。总统先生，如果你能向法国大使表明美国严重谴责出卖民主和自由事业的行为，那将会是一项明智的预防措施，因为维希政府非常看重这类警告。

最近我们的两支军事运输舰队在西北航道蒙受重大损失，想必你已经有所耳闻①。我之前跟你提过有段时间驱逐舰紧缺，此事就发生在那时候。庆幸的是，你们派来的五十艘驱逐舰陆续到达，有些不久就能投入战斗。年底前我们的情况将大大好转，因为我们自制的许多反潜舰艇将在那时竣工。然而，我们势必要经历一段焦灼不安的紧张时期，因为我们需要许多小型舰艇在英吉利海峡防御入侵，需要在地中海进行大规模的海军部署，此外还有大量的护航工作。

1940 年 10 月 20 日

于是，总统以个人名义，就土伦舰队一事向贝当政府发出一封措辞严厉的信件。他说："即便一个政府已沦为另一个强国的阶下囚，这也不足以成为使他俯首称臣，转而进攻先前盟国的理由。"他提醒说，贝当元帅曾经向他做出法国舰队绝不投降的庄严保证。如果法国政府打算容许德国人用法国舰队对付英国舰队，从事敌对行动，这样的行为表明法国公然对美国背信弃义，且是处心积虑这样做的。任何这类性质的决定都必将破坏美、法两国人民的传统友谊。这将在美国的公众舆论中产生一股极端愤恨法国的浪潮，并将永远终止所有美国人对法国人民的援助。如果法国坚持这一决定，那么将来法国需要保持其

---

① 从 10 月 17 日到 19 日三日间，有三十三艘船只在西北航道被潜艇击沉，其中有二十二艘是英国船只。这包括一支军事运输舰队的二十艘船。

海外属地时，美国断不会伸出援手。

前海军人员致罗斯福总统：

在我想打电报请你给贝当发电前，你就已经打电报给他，并向法国人提出了义正词严的警告。对此我不胜感激，但是一切尚是未知之数。外交部告诉我，他们已将关于德国提出的条件的最新消息电告你了，据说，贝当已表示拒绝。从这方面说，交出非洲海岸的空军或潜艇基地，其危害并不小于移交舰艇。特别是大西洋沿岸的基地若落入恶徒之手，这将对你们形成一种威胁，并使我们陷于困境。因此，我希望你对法国人说明，和移交舰艇一样，你也不允许出卖基地的行为。

过去五个月内，我们受到入侵的威胁和空袭，但我们仍照样不断地绕航好望角增援中东，把现代化的飞机和舰队中的主力舰艇调往该地。我认为入侵的危险仍然存在，但当前我们仍要扩大对东方的增援。因为两个战场都承受着巨大的压力，我们对一切援助心存感激。

1940 年 10 月 26 日

这时，海军部非常担心与维希决裂的风险，所以他们往往会低估让那两艘法国战舰驶回土伦带来的不利影响。我针对这一点发出了指示。

首相致海军大臣及第一海务大臣：

自从法国背弃盟国，我们就认为千万不可让"让·巴尔"号和"黎歇留"号落入敌人之手，或让它们回到港口继续修建。为此，你们曾袭击"黎歇留"号，并声称它已在很大程度上失去战斗力。"让·巴尔"号尚未竣工，这两艘战舰现在停泊在大西洋的非洲港口，它们都不适宜在此作战。

我们原定计划是决不容许这两艘战舰落入恶人之手。因此，第一海务大臣对阻止"让·巴尔"号驶回土伦提出异议，并且还同意让该舰平安驶过，我对此十分诧异。我们始终认为土伦是敌人控制的港口。因此，我们才竭尽全力阻止"斯特拉斯堡"号抵达土伦，遗憾的是没有成功。我认为，允许"斯特拉斯堡"号抵达土伦的决定，是不可接受的。

海军部应负责阻止这两艘战舰中的任何一艘驶往大西洋或地中海的法国港口。因为它们将继续驶往土伦进行修理，竣工后它们随时都可能献给德国，或者被德国夺取。

1940 年 11 月 2 日

首相致外交大臣：

我不确定"让·巴尔"号是否即将采取行动。我已通知海军部负责阻止该舰驶进地中海。因此，重要的是你应向维希发出直接的警告，如果他们试图将该舰驶往德国人控制的大西洋港口，或者驶往地中海随时可能落入敌人之手的港口，那么我军会拦截该舰，必要时会将其击沉。我从伦敦的私人办公室将给你送去一份会议备忘录副本，此前我将其送给过海军大臣和第一海务大臣。

1940 年 11 月 2 日

前海军人员致罗斯福总统：

1. 我们深感不安，因为我们收到法国政府企图把"让·巴尔"号和"黎歇留"号驶往地中海以便继续修建的报告。此事将给我们带来极大的潜在威胁，而且势必给德国人控制这两艘舰艇创造条件。我们认为必须竭尽全力加以阻止。

2. 数日前，我们通过驻西班牙大使给法国政府提出以下几点警告："这一行为将加速促使德国人和意大利人夺取法国舰队。我们不怀疑法国政府信守承诺的信念，但我们怀疑他们是否有能力履行诺言，确保法国舰队不会落入敌军之手。我们特别希望避免英法海军之间发生任何冲突，所以如果法国确有调遣这两艘舰艇的打算，现在就请打消这一念头。"

3. 正如我们对法国政府所说的，我们不怀疑他们有履行诺言的诚意。但是，这两艘战舰一旦驶入法国的港口或进入敌人的势力范围，即便我们相信他们做出的保证，但我们不确定他们能否真正做到。坦白说，哪怕法国政府能给出充分的理由，但他调回这两艘战舰的意图仍是很可疑的。

4. 如你能就此事再次向维希提出警告，这将大有裨益。因为如果事情出了差错，这对我们双方都有极大的危害。

1940 年 11 月 10 日

*　　*　　*

我与戴高乐将军保持着密切的联系。

我急需同你磋商。自你离开后，英法两国之间的局势已大为改变。法国各地形成了一种支持我方的强烈氛围，因为他们认为战争将继续，而我们是不能被征服的。我们了解到维希政府因美方施加的强大压力而诚惶诚恐。另一方面，赖伐尔和复仇心切的达尔朗却在迫使法国对我们宣战，并以挑起海军方面的小冲突为乐。我们寄希望于身处非洲的魏刚，如他能与我们结盟，由此带来的益处肯定不小。我们努力同维希签订某种临时协定，以便减少发生意外的风险、助长法国支持我方的势力。我们曾直接告诉他们，他们一旦轰炸直布罗陀或者发动其他挑衅行动，我们就轰炸维希，无论维希政府迁往何处，我们都会追踪到底。但目前为止，我们尚未收到答复。于是，请你来此一谈实为当务之急。因此，希望你能在利伯维尔安排妥当后，尽早归来，让我们知道你的计划。

11 月 13 日，总统对我 10 日发出的关于"让·巴尔"号和"黎歇留"号可能驶往地中海继续修建的电报作了答复。他立即指示美国驻维希的代办查明此事，并指出美国政府对此极为关心。他希望这两艘战舰留在它们原来停泊的港口，以免被他国所控制或劫夺，因为将来这两艘法国战舰很可能危害到美国的利益。若法国方面采取任何这类行动，必将严重损害法美关系。他还提出，如果法国政府愿意出售，美国愿意收购这两艘舰艇。

总统还告诉我，贝当曾向美国庄严承诺，包括这两艘战舰在内的法国舰队永远不会落入德国人之手。贝当元帅说，他曾对美国政府，英国政府，甚至对我本人，都做出过这样的保证。他说："我再次声明，这些舰艇会用于保卫法国的属地和领土。除非英国攻击我们，否则，我们决不使用它们与英国作战。即使我愿意，我也无权出售那些舰艇。停战条款规定不能出售，而且德国也决不容许。由于法国正处于德国铁蹄之下，实在无能为力。如果我能自主决定，我也很愿意出售，只要战后归还我们，因为也只能这样来为法国保存这两艘军舰。我必须再次申明，在当前的局势下，我既没有权力也没有可能出售它们。"贝当元帅态度十分严肃地做出这番陈述，但没有对总统的建议表现出丝毫的惊愕或不满。罗斯福总统进一步指示代办告知贝当元帅，关于这两艘舰艇及法国的其他舰艇，美方仍愿意与法国进行商谈。

11 月 23 日，总统发来电报进一步让我安心。贝当元帅曾无条件表明，这两艘军舰至今一直停靠在原先的港口——达喀尔和卡萨布兰卡。如果计划有变，他将提前通知总统。

*　　*　　*

对我们来说，西班牙的态度比维希的更为重要，因为它与维希关系密切。它既可以帮助我们，也可能带来更大的危害。在西班牙处于腥风血雨的内战时，我们曾保持中立。我们几乎没有给佛朗哥将军提供任何援助，轴心国对他却是恩重如山，也许连他的生命也是轴心国给的。希特勒和墨索里尼都援助过他。他不喜欢希特勒，而且畏惧希特勒。他喜欢墨索里尼，也不怕墨索里尼。此次世界大战爆发时，西班牙宣布中立，并从此严守中立。从比斯开湾诸港运来的铁矿石对于我们的军需工业至关重要，我们两国之间保持着必要且繁荣的贸易往来。但是，5 月到了，如今"暮光之战"已经结束。纳粹德国的威力已为举世所公认，法国战线已经崩溃，北部同盟军岌岌可危。正是在这个时刻，我想起之前因内阁改组离职的一位老同事，我很乐意授予他一个新职务，该职位非常适合于他的性格，且能让他展露才华。5 月 17 日，塞缪尔·霍尔被任命为驻西班牙大使，这个五年任期的职务十分不轻松，要求细致且关系重大，我相信没有人比他更能出色地完成这一任务了。于是，我们在马德里就有了很好的外交使节，而且还有很好的参赞阿瑟·晏肯先生①，以及海军武官希尔加思上校。希尔加思已从海军退伍，居住在马利奥尔卡岛，但是现在他凭借对西班牙事务的深刻了解出山任职。

在整个战争期间，佛朗哥将军的政策十分自私而且冷酷无情。他只考虑西班牙和西班牙人的利益，而从未考虑过如何报答希特勒和墨索里尼对他的援助。另一方面，他也并不因为我们左翼政党对他的敌意而怀恨英国。这位心肠狭隘的暴君，只想让他那些精血已枯的人民摆脱另一次战争。他们已经厌倦了战争，已有上百万平民被他们的同胞杀害。贫困、高昂的物价和艰难的岁月使这座荒凉的半岛毫无生气。西班牙厌恶战争，佛朗哥也厌恶战争！面对世界的大动荡，他就是以这样的平淡情绪来看待。

英王陛下政府对他这种平庸的见解非常满意。我们所希望的就是西班牙保持中立。我们想要同西班牙进行贸易，希望它拒绝德国和意大利的潜艇入港。我们不仅希望直布罗陀不受干扰，还希望我们的舰艇能停靠在阿尔赫西拉斯，我们日渐扩大的空军基地能利用直布罗陀连接大陆，因为我们在很大的程度上必须依靠这些便利条件才能到达

---

① 阿瑟·晏肯先生于 1944 年因飞机失事殉命。

地中海。西班牙可以轻易地在阿尔赫西拉斯后面的山上架设十余尊重型大炮，或者准许其他人这么做。他们随时都有权利这么做，一旦大炮架设起来，便可随时开火，而我们的海、空军基地就不起作用了。直布罗陀也许将再次受到长期的包围，但它毕竟只是一个悬崖。西班牙扼住英国在地中海上一切活动的通道，即使是在最艰难的时候，它也从来没有说过不阻拦我们。局势是如此危险，因此，两年来我们时刻准备着一支五千人以上的远征军以及所需舰艇，只需一声令下就可在几天内出动。如果西班牙切断直布罗陀港的通道，我们便可立刻拿下加那利群岛，从空中和海上控制敌方潜艇，并绕航好望角与大洋洲保持联系。

佛朗哥政府还可以用另一种十分简单的方法给我们致命一击。让希特勒的军队穿过半岛，包围和攻占直布罗陀，同时他们自己则占领摩洛哥和法属北非。法国停战之后，德军曾于 1940 年 6 月 27 日大举进抵西班牙边境，提出在圣塞瓦斯蒂安和比利牛斯山以南的城镇与西班牙军队联谊，这一消息让我们十分忧虑。实际上，有些德国军队已经进入西班牙。然而，正如 1820 年 4 月威灵顿公爵所说："在欧洲，想利用干扰他国事务捞取好处的外国人，在西班牙是最占不到便宜的。没有一个国家会像西班牙那样讨厌甚至鄙视外国人。他们在风俗习惯方面也与其他欧洲国家大不相同。"现在，一百二十年过去了，西班牙人在内战中耗得精疲力竭、胆战心惊，就更不喜欢同外界打交道了。他们不愿意外国军队在他们的国土上行走。虽然他们具有纳粹和法西斯的意识形态，但这些孤僻的西班牙人宁愿与外国人保持距离，也不要他们掺和进来。佛朗哥的这种意识极为强烈，并且十分狡诈地落实到行动中。我们相当欣赏他的才智，尤其是在对我们有利的情况下。

*　　*　　*

对于法国突然沦陷和英国可能崩溃或毁灭的形势，西班牙政府和大家一样震惊。世上的许多人都接受了"欧洲新秩序""统治民族"

以及诸如此类的说法。因此，6月，佛朗哥表示他将加入战胜者的行列，分享战利品。由于他的贪欲及其老谋深算，西班牙明确指出他要分得一大杯羹。然而，此时希特勒认为不必争取同盟者。和佛朗哥一样，他估计几个星期，甚至几天之后便可结束大的敌对行动，而英国即将签约求和。因此，他忽略了马德里的这副积极拉拢的姿态。

直到8月，局势转变了。毫无疑问，英国将坚持战斗，而这场战争很可能是旷日持久的。由于英国轻蔑地拒绝了希特勒在7月19日提出的"和平协议"，希特勒便开始寻求同盟者。除了找他曾经援助过且最近又表示要和他结盟的独裁者以外，他还能找谁呢？但是，佛朗哥对同一件事却有不同的看法。8月8日，德国驻马德里大使告诉柏林，佛朗哥总司令的看法依然没有改变，但他提出了某些要求。第一，保证将直布罗陀、法属摩洛哥以及阿尔及利亚的一部分，包括奥兰在内的地方划归西班牙，并且要扩张西属非洲殖民地的某些领土。此外，由于西班牙的粮饷仅够支撑八个月，故需要大量的军事援助和经济援助。最后，佛朗哥认为，西班牙要等德国人在英国登陆后才能参战，"以免过早参战导致西班牙无法忍受，因而在某些条件下会危及当前的政权"。同时，佛朗哥又致函墨索里尼，重申他提出的要求，并希望得到他的支持。墨索里尼于8月25日回信，劝告总司令"不要置身于欧洲历史之外"。希特勒因为西班牙的要求过高而感到为难，其中有些要求还会使他再次同维希发生纠纷。夺取法国的奥兰，这势必导致法国在北非成立敌对的政府。他反复权衡这件事的利弊得失。

日子一天天地过去。9月，大不列颠似乎抵挡住了德国的空中攻势。欧洲各国对五十艘美国驱逐舰的移交印象深刻。西班牙认为，美国日益接近战争。因此，佛朗哥和西班牙人明确地提高了要求，并且还清楚地指出，必须要首先答应他们的条件。此外，还必须给他们提供军需品，特别是为西班牙面对直布罗陀的炮台提供所需的大量十五英寸口径榴弹炮。在此期间他们也会给德国人一些小恩惠。所有的西班牙报纸都是反英题材。他们容许德国的情报人员在马德里到处游走。由于西班牙外交部部长贝格贝德尔被怀疑为对德国缺乏热诚，于是长

枪党的头子塞拉诺·苏涅尔被任命为特使正式访问柏林，以便调整关系。希特勒在他面前高谈阔论，并详述了西班牙人对美国的反感。他认为，这场战争也许会升级成美洲对欧洲的洲际战，所以一定要加强西非沿岸的岛屿防守。当天晚些时候，里宾特洛甫要求在加那利群岛为德国准备一个军事基地。亲德的长枪党头子苏涅尔竟拒绝讨论这一点，他不停地强调西班牙需要现代化武器、粮食和石油，并且还要求牺牲法国来满足它的领土要求。所有的这些要求都必须在西班牙参战前得到满足。

9月19日，里宾特洛甫前往罗马报告情况，并参与会谈。他说，德国元首认为英国的态度是"垂死挣扎，不识时务，寄希望于美苏出兵干涉"。墨索里尼注意到"美国是考虑到所有实际的利害关系，才站在英国一边"。五十艘驱逐舰的出售则证明了这一点。他主张与日本结盟，以牵制美国的行动。"虽然从数量上看，美国海军处于绝对优势，但是，正如英国的陆军一样，它是一个松垮的组织。"墨索里尼继续说，"南斯拉夫和希腊的问题尚未解决。意大利在南斯拉夫边境有五十万人，在希腊边境有二十万人。希腊人对意大利的看法，正如四月行动以前挪威人对德国人的看法。对我们而言，必须解决希腊问题。特别是当我们的地面部队进入埃及，英国舰队无法在亚历山大停泊，从而必须到希腊港口寻求庇护时，希腊问题亟须解决。"

在这一点上，他们双方都认为主要目标是击败英国。剩下的问题就是：如何击败？墨索里尼说："战争要么在春季前结束，要么就得拖到明年。"他当时认为后一种可能性较大，因此，一定要最有效地利用西班牙这张牌。里宾特洛甫断言，先与日本结盟，紧接着西班牙宣战，这对英国将是另一个沉重打击。但是苏涅尔尚未确定日期。

*　　　*　　　*

当西班牙人表现得越来越冷淡、越来越贪心的时候，希特勒却越想得到他们的支援。早在8月15日，约德尔将军就指出，除了直接入侵英国，还有其他方法打败英国，即延长空战、加强潜艇战、夺取埃及和直布罗陀。希特勒强烈赞成袭击直布罗陀，但是西班牙要求得太高。9月底他又有了其他想法。9月27日，德国、意大利和日本在柏林签订了三国同盟条约，为他们开辟了更加广阔的前景。

*　　*　　*

希特勒现在决定发挥他的个人影响力。10月4日，他在勃伦纳山口同墨索里尼会晤。他指出西班牙政府的要求太高，步调迟缓。他担心满足西班牙的要求会产生两种直接的后果：一方面，英国占领加那利群岛上的西班牙基地；北非的法国殖民地加入戴高乐的运动。他认为这样会使轴心国大大扩大他们作战的范围。另一方面，他也不排除法国的武装部队会在欧洲参加进攻英国的战役。墨索里尼大谈征服埃及的计划。希特勒愿意为他提供特别的卫队以支援这次进攻。但墨索里尼拒绝了，他认为战斗在进入到最后阶段之前，都不需要支援。对于苏联问题，希特勒表示："必须懂得我对斯大林的猜忌，正如他对我的猜忌一样。"无论如何，莫洛托夫很快就要到柏林来，到时希特勒的任务是要说服苏联把精力转向印度。

10月23日，希特勒一路直奔法国和西班牙边境的汉达伊，同西班牙的独裁者会晤。据希特勒对墨索里尼说，西班牙人不但不因希特勒屈尊就驾引以为荣，反而提出"十分不自量力的要求"。西班牙要求修改比利牛斯山脉的边界，割让法属加塔洛尼亚（法国的领土，在历史上一度与西班牙有纠葛，但实际上是在比利牛斯山以北），割让阿尔及利亚从奥兰直到布兰科角的土地，还要求几乎整个摩洛哥。会谈是通过译员进行的，长达九小时。但他们仅仅达成了一项含糊其辞的议定书，以及对军事谈判做出的安排。后来，希特勒在佛罗伦萨对墨索里尼说："我宁可被拔掉三四颗牙齿，也不愿再搞这样的谈判。"

希特勒在回国的途中，他传唤贝当元帅前往图尔附近的蒙都瓦去见他。这次会晤由赖伐尔安排，两天前赖伐尔曾在这里会见里宾特洛

甫。里宾特洛甫在此地遇见希特勒，他感到十分惊讶。希特勒和赖伐尔两人都想争取法国一起击败英国。最初元帅和他身边的人都对此事感到震惊。但是赖伐尔却把这次事先安排的会谈说得天花乱坠。有人问他究竟是希特勒的主意还是有人向他建议这样做时，赖伐尔回答道："你把他当成什么人？你以为希特勒还需要一个保姆吗？他这个人，有他自己的主意。他想会见元帅。再说，他也十分尊敬元帅。这次两国元首的会见将载入史册。总之，和在契克斯共进午餐的会议截然不同。"贝当转变了心意，同意了这一计划。他认为他个人威望和希特勒不差上下，同时，也应该给希特勒一个印象，即法国并非不愿"合作"。希特勒在西方无后顾之忧，也许便会打东方的主意，把他的军队转向东方。

10月24日下午，这次会晤在一个隧道附近的希特勒的装甲列车上举行。希特勒说："很高兴能和一位无须对这次战争负责任的法国人握手。"

会议无非是说些可耻的客套话。德、法两国之间在战前未建立起密切的关系，元帅对此表示遗憾。也许现在还为时不晚。希特勒指出，是法国挑起战争并战败了。但是，他当前的目标是摧毁英国。趁美国还不能有效地援助英国之前，应占领不列颠或者使之成为一片废墟。他想要尽快结束战争，因为没有什么比战争更吃亏的了。整个欧洲都将为战争付出代价，因此，这关系到整个欧洲的利益。法国能够协助到什么程度呢？贝当承认合作的原则，但是解释说他不能确定协助的范围。当时曾制成一份记录，其中提到"意大利和德国元首均表示，决心要见到法国在新欧洲中占据应有的地位"。在尽快击败英国这一点上，轴心国同法国有共同的利益。因此，法国政府应在它力所能及的范围内支持轴心国所采取的防卫措施。细节问题由停战委员会同法国代表团协商解决。轴心国承诺在同英国缔结和约时，法国将在非洲获得一块"基本上等同于它目前拥有的"殖民地。

根据德国的记录，希特勒当时非常沮丧。连赖伐尔也请求他在法国的舆论尚未成熟以前，不要硬逼法国对英国作战。后来希特勒指责

赖伐尔是"一个肮脏的民主主义小政客";但他对贝当元帅的印象较好。然而,据说贝当元帅回到维希的时候曾说过:"花了六个月讨论这个计划,还要花六个月忘掉这个计划。"但是法国至今仍记得这场臭名昭著的交易。

10月,我给我们驻西班牙的大使发去一封电报:

首相致塞缪尔·霍尔:

我们对你处理棘手任务的方式不胜钦佩。我希望你能设法通过法国大使向维希传达两个概念。第一,我们可以既往不咎,愿与一切向我们表明决心击败共同敌人的人合作。第二,我们正在为我们的存亡而战,为同时解放所有受奴役的国家而战,我们决不会空手而归。请务必让维希感受到我们的信心,那就是我们一定能击败希特勒,哪怕他会践踏欧洲大陆,哪怕战争也许会持续很长的一段时间,但他终将灭亡。让我不能理解的是:为什么没有一个法国领袖前往非洲,他们在非洲有殖民地,有制海权,还能得到冻结在美国的法国黄金。如果一开始就有人这么做,我们现在可能就已经击垮意大利了。这当然是勇士难得一遇的大好机会。自然,我们不能指望这样的建议能得到他们明确的回复,不过,如有机会,不妨设法转达。

1940 年 10 月 19 日

我们收到过有关蒙都瓦会谈的各种报告,但这些报告并没有改变我对维希的态度。现在 11 月已到,我写了一个备忘录向我的同僚们表明意见。

虽然在政治上不能谈报复,我们应当大步向前而不能向后观望,但是,如果单单指望用和解及宽恕来解决我们同维希之间的困难,那就错了。维希政府正处于德国的重压之下,

如果他们感受到身边有个和蔼可亲、对人宽宏的英国，这将使他们感到安慰。他们将牺牲我们去博得德国人的一点欢心，并尽可能徘徊观望战局。相反，在涉及我们的利益时，我们应当毫不迟疑地以严厉和粗暴的手段对待他们。让他们知道我们同希特勒一样不是好惹的。

请牢记，这些人犯下了卑鄙龌龊的罪行，他们将遗臭万年。而且，他们的所作所为并没有得到法国人民的同意。赖伐尔的确对英国恨之入骨，据说他扬言要把我们化为"齑粉"，即要把我们碾得粉碎，最后只剩下一块油迹。毫无疑问，如果他当权的话，他会利用英国这场意想不到的抗战做一笔交易，鼓动法国摧毁我们，从而向他的德国主子讨取更好的价钱。达尔朗因为我们击毁了他的舰队而对我们仇深似海。贝当一向是一个反英的失败主义者，现在变成了一个年老昏聩之人。想要争取这些人是徒劳的。但是，他们也可能由于法国日渐抬头的舆论和德国咄咄逼人的态度而被迫采取向我们靠拢的政策。当然，我们应当同他们保持联系。然而，为了促使这种有利趋势的发展，我们要确保维希那班人在德国和英国这上下两层磨石之间受尽折磨。只有这样，他们才会在短时期内对我们表示出比较驯顺的态度。

1940 年 11 月 14 日

*　　*　　*

贝当元帅入了赖伐尔的圈套，长此下去，他势必要同英国宣战，而北非殖民地也将为德国所占领，他越想越恨。12 月 13 日赖伐尔到了维希，建议贝当前往巴黎，参加将拿破仑之子赖希塔德公爵（"鹰"）的骨灰移放老残军人退休院的仪式，这是希特勒华丽的说辞，他想用庄严的盟誓来巩固在蒙都瓦达成的协议。

然而，让他这个凡尔登战役的胜利者，在法兰西国土上带着日耳

曼仪仗队，出现在拿破仑皇帝的墓前，他对此并不感兴趣。况且，他对赖伐尔的手腕和意图既厌倦又畏惧。于是，贝当的部下便设法逮捕了赖伐尔。德方的强烈干预使赖伐尔获得释放，但是贝当拒绝再让他当部长。赖伐尔愤然离去，前往德军占领的巴黎。让我感到高兴的是，弗朗丹继任外交部部长。这些事件标志着维希内部的变化。看来，他们的合作关系最终走到头了。这时，英法关系有望改善，美国也对维希表现出更加理解的态度。

＊　　＊　　＊

讲到这儿，正好接叙西班牙的故事。现在，佛朗哥相信这是一场持久战，西班牙厌恶任何一场战争，他没有把握德国能否获胜，于是就采取令人着急的拖延战术，提出过分的要求。这时，他十分信任苏涅尔，10 月 18 日任命苏涅尔为外交部部长，通过撤换贝格贝德尔来证明他对轴心国的忠心。11 月苏涅尔被召往贝希特斯加登，希特勒表达了对西班牙迟迟未能参战的不满。这时，德国空军已在不列颠之战中失利。意大利也被牵制于希腊和北非的战斗中。塞拉诺·苏涅尔没完没了地讲着半岛上的经济困难，这样的答复并不能让希特勒满意。三个星期过后，德国谍报机关的首脑卡纳里斯海军上将被派往马德里，为西班牙的参战作详细安排。他建议，1 月 10 日德国军队应穿过西班牙的国界，为 1 月 30 日进攻直布罗陀做准备。当佛朗哥告诉他西班牙不能在上述日期参战时，他感到很意外。看来，总司令是担心大西洋的岛屿和西班牙的殖民地落入英国海军之手。他还强调，西班牙缺乏粮食，因而经受不起一场持久战。既然德国在英国登陆的行动似乎是无限期地推迟了，所以佛朗哥又提出了一项新的条件。在轴心国夺取苏伊士运河之前，他坚决不采取行动，因为只有到了那时他才能确保西班牙不会卷入长期的敌对行动。

1941 年 2 月 6 日，希特勒致函佛朗哥，他急切而严厉地要求佛朗哥拿出男子气概，切勿再次拖延。佛朗哥回复时表达了他始终不渝的

忠诚。他主张，应保持热情继续准备进攻直布罗陀。他又提出了一个新的说辞，称西班牙军队只有配备了德国武器才能迎战。即使这一切都安排就绪，由于经济原因西班牙还是无法参战。因此，里宾特洛甫向元首报告，佛朗哥根本无意参战。希特勒非常愤怒，但他现在正要进攻苏联，他可不愿重蹈拿破仑的覆辙——同时进攻西班牙。这时，沿比利牛斯山脉一带集结了大量的西班牙军队，他认为还是应该明智地遵循他对付各个国家的策略——"各个击破"。就这样，佛朗哥通过玩弄微妙诡诈的手段和甜言蜜语蒙混过关，使西班牙置身于战争之外。对于当时孤立无援的英国来说，这是件天大的好事。

当时，我们还不能指望就此了事，因此，我催促总统全力推行怀柔政策。

前海军人员致罗斯福总统：

我们了解到西班牙的局势逐渐恶化，这个半岛即将面临饥荒。只要他们不参加战争，你就按月给他们提供粮食，这将是关键举措。现在不应斤斤计较，是时候跟他们实话实说了。若德军占领直布罗陀海峡两岸，这将对原本就已负担过重的海军造成更大的压力。不久德军就会在炮台上使用雷达（就是在黑夜也可以瞄准），这样，他们就可以日夜封锁直布罗陀海峡。地中海东部的主力决战即将开始，但我们需要绕航好望角增援和补给我们的部队，所以我们不能在海峡或者海峡附近的陆地上作战。直布罗陀能够经受长期的包围，但是我们如果不能利用港口通过海峡，那又有什么用呢？一旦德军占领摩洛哥，他们就会南下作战，潜艇和飞机不久便可以从卡萨布兰卡和达喀尔自由出动。总统先生，这其中的威胁我无须赘言，也无须夸大它对西半球的危害。我们必须尽量争取时间。

1940 年 11 月 23 日

实际上，这些重大危险已经过去，尽管我们当时并不知道，但它已永远成为历史。目前人们往往会谈论佛朗哥将军的邪恶，因此，我记下了他如何对希特勒和墨索里尼口是心非和忘恩负义的事实。不久我还要记载更多的故事，讲述佛朗哥将军如何以他的卑劣品质为盟国事业做出了更大的贡献。

第四章

FOUR

墨索里尼进攻希腊

意大利入侵希腊——对海军上将坎宁安的舰队的增援——"光辉"号的到来——克里特岛的重要性——对希腊的空中支援——威尔逊计划——保密引起的误解——希腊需要克里特师——"罗盘"作战计划——舰队的飞机袭击意大利舰队——在塔兰托的英勇行动——张伯伦先生逝世

如今，墨索里尼又在地中海的舞台上耍出新花招。尽管这一暴行并非完全出乎意料，但确实影响深远，使我们雪上加霜。

1940 年 10 月 15 日，墨索里尼决定攻打希腊。当天早上，意大利在威尼斯宫召开了军事首脑会议。在会议上，墨索里尼的开场白如下：

> 我决定进攻希腊，所以这次会议的目的，是要概括说明此次行动的方针。首先，这既是一次海上作战，也是一次领土之争。领土方面，我们希望能占有阿尔巴尼亚南部的整个海岸线……以及包括扎金索斯、凯法利尼亚和科孚岛在内的爱奥尼亚群岛，并占领萨洛尼卡。当这些目标达成时，我们在地中海与英国对峙的局面也会有所改观。其次……完全占领希腊，使其失去战斗能力，并确保它在任何情况下都处于我们的政治经济的控制范围之内。
>
> 如今这个问题已经明确，我也已经敲定了行动日期，即本月的 26 日，刻不容缓。早在我们参战之前，甚至早在冲突爆发之前，我就已经开始谋划此次行动，所以它是我这几个月来深思熟虑的成果……我要补充的是：据我预测，北方不

会有什么问题，南斯拉夫会尽可能保持沉默。尤其是在德国占领罗马尼亚、保加利亚，军事实力见长之后，土耳其方面也不会有什么麻烦。保加利亚将会在我们此次行动中发挥作用，而如今正是它称霸马其顿地区的绝佳机会，也是我们占领土耳其海峡的绝佳机会，因此我将采取一切必要措施抓住当前的机会……

10 月 19 日，墨索里尼致函希特勒，告知他自己所做的决定。当时，希特勒正在前往汉达伊和蒙都瓦的途中。这封信（信的内容迄今还未公开）似乎几经辗转才最终交到了他的手中。希特勒一看到信，就立刻向墨索里尼提议举行一次会谈，商讨欧洲的整体局势。10 月 28 日，会议在佛罗伦萨举行。但当天早上，意大利已经对希腊展开进攻。

然而，希特勒似乎并不愿意在冒险进攻希腊这一行动上大做文章。他非常客气地表示，德国不反对意大利进攻希腊，接着他就聊起与西班牙首相佛朗哥以及法国首脑贝当的会晤。毫无疑问，他并不赞同他的同盟当前所做的事情。几个星期之后，意大利对希腊的进攻受阻，希特勒于 11 月 20 日致函墨索里尼，他在信里这样说道："当我请求与你在佛罗伦萨进行会晤时，有关意大利将对希腊采取的危险行动，我只有一个大概的了解，因此我满怀希望能够在此次行动展开之前，向你阐明我的观点。"但总的来说，他还是接受了墨索里尼的决策。

*　　　*　　　*

10 月 28 日黎明之前，意大利驻雅典公使将最后通牒送交希腊首相默塔克塞斯将军。墨索里尼在要求希腊全境向意大利军队开放的同时，意大利驻阿尔巴尼亚的军队从多个地方袭击希腊。当时希腊军队在其边界并非毫无准备，因此其政府严正拒绝了意大利的最后通牒。希腊还提到了张伯伦先生在 1939 年 4 月 13 日做出的保证，对此我们必须履行。根据战时内阁的建议，事实上也是出自本心，英王陛下这样答复希腊国王："你们的事业就是我们的事业，今后我们将并肩与共同的敌人战斗。"面对默塔克塞斯将军的呼吁，我的回复如下："我们将在力所能及的范围内给予你们一切援助。我们也将与共同的敌人作战，分享共同的胜利。"在今后漫长的历程中，我们切实履行了承诺。

＊　　＊　　＊

尽管意大利在舰艇数量上大大超过了我们，但我们在地中海的军事实力也有了显著增长。9 月，"英勇"号驱逐舰、"光辉"号装甲航空母舰以及两艘配备了防空设备的巡洋舰均安全驶过地中海，加入到海军上将坎宁安在亚历山大统率的舰队。在此之前，坎宁安舰队的行踪常常被敌人察觉，也时常被耀武扬威的意大利空军轰炸。如今，随着配备了现代化战斗机和最新雷达设备的"光辉"号的到来，我军成功击沉了敌军的巡逻舰，并击退了敌人的袭击，从而使敌军无从察觉我们舰队的行踪。这一优势来得非常及时。其实，除了几个空军中队，一个英军代表团以及一些象征性的军队之外，我们已经没有兵力可供调遣以支援希腊了；而且，就连这些微不足道的兵力，也是我们从激烈的利比亚战场忍痛缩减的成果。这时，我们突然意识到一个战略要地——克里特岛！绝不能让意大利拿下该岛。我们必须先下手为强，而且要马上行动。幸好此时艾登先生正在中东，这样我就可以同一位身在现场的同僚进行联系和磋商。他原本计划在结束同史末资将军在喀土穆的会谈之后回国。于是，我给他发送了如下电报：

> 我知道你同史末资的会谈非常重要，但我仍然希望韦维尔能先赶回开罗，而且你也要尽快赶过去。
> 我们确信，要想在克里特岛站稳脚跟，就必须要做出一番努力，即使冒着风险也是值得的。接下来你将看到的是与这一问题相关的军事电报。

1940 年 10 月 29 日

首相致艾登先生：

看来，当前的头等大事是占据苏达湾最好的机场和海军燃料供应基地。成功保卫克里特岛，对于保卫埃及将是莫大的帮助。而意大利一旦失去克里特岛，他们在地中海遭遇的一切困难将会加剧恶化，其效果几乎相当于我们对利比亚的一次成功袭击，所以，这样的战利品值得冒险。关于这一问题，请你同韦维尔和史末资进行全面研究，然后务必果断提出开展大规模行动的建议，即使以牺牲其他战区的利益为代价也在所不惜。如果需要包括飞机和高射炮在内的进一步支援，均可以提出。我们正在研究如何满足你们的要求。请务必尽快赶回开罗。

1940 年 10 月 29 日

应希腊政府的请求，我军将于两天之后进驻克里特岛最好的港口——苏达湾。

首相致帝国总参谋长：

我们正采取哪些措施从希腊前线获取情报？我们在那里有军事观察员吗？我们的武官又正在那里做些什么？

你为何不从埃及派一位将军担任我军军事代表团的团长驻守希腊的野战军司令部呢？可以让他们前去观战，并详细汇报双方军队的优势和劣势。只要希腊方面同意，我希望每天能收到一封电报，准确汇报希腊当前的战况。

1940 年 10 月 30 日

首相致伊斯梅将军，转参谋长委员会：

我们对以下部署并无异议：派两个营前往弗里敦，替代西非旅接管其边防，然后西非旅可继续前往埃及。但在大家同意将西非旅调往西非之前，这两个营将不会离开英国。

相比于弗里敦，克里特岛和马耳他岛的高射炮供应需求应优先满足。所以，就目前而言，我既不会赞同将高射炮转运弗里敦，也不能同意（向弗里敦）派出一个战斗机中队。海军部负责防御任何海上远征军袭击我国的西非殖民地。至于空袭，如果法国人轰炸弗里敦或巴瑟斯特，我们就会轰炸维希。不过，我认为这种情况不会发生。

1940 年 10 月 30 日

首相致朗莫尔将军：

（关于派遣一个"伯伦翰"式战斗机中队前往希腊这件事情）你做出了一个大胆而明智的决定。我希望能够尽快增援你。

1940 年 11 月 1 日

首相致伊斯梅将军，转空军参谋长和参谋长委员会：

我提议，应立刻安排将另外四个重型轰炸机中队（包括已经派往马耳他岛的一个中队在内），以及四个"旋风"式战斗机中队运往中东。关于这一调动，请制订相关计划，同时，我希望今天能够收到这个计划的相关报告。

1940 年 11 月 1 日

首相致伊斯梅将军，转参谋长委员会：

艾登先生请求我军支援中东地区步枪一万支。我们难道不能从美国的支援中提供这些枪支吗？或者从世界的其他地方挑选一批步枪？

1940 年 11 月 1 日

首相致空军参谋长：

1. 我认为，那四个轰炸机中队可以经马耳他飞往克里特

岛或者希腊。其军事人员和地勤物资则需由巡洋舰负责运送。请务必尽快安排这些空军中队从希腊的军事基地出动，对意大利驻塔兰托的舰队展开突袭，并大范围袭击意大利的南部地区。这场作战行动非常重要，海军部必须竭尽全力应对。所以你们不必认为届时不会有军舰前来协助，至少为了这些地勤人员和军需物资，也必须要派军舰前往增援。我认为，当前更难满足的是对车辆的需求，不过可以先从埃及调一些，其他的则只能临时准备。

2. 战斗机的运送当然更加困难，但是我希望能像上次一样，安排它们从航空母舰上起飞前往马耳他。如有必要，"狂暴"号航空母舰应支援"皇家方舟"号。战斗机是否能从马耳他飞到希腊的机场？如果不能，可否安排它们先飞到一艘航空母舰上补充燃料，然后再前往希腊？关于战斗机的军需物资和地勤人员的运送，可以做出与轰炸机相同的安排。

1940 年 11 月 2 日

首相致艾登先生：

希腊局势是当前所有问题的重中之重。我们深知自己力量薄弱、资源不足。因此，我们必须认真研究该如何向希腊提供援助，否则一旦他们认为英国从未打算履行曾经做出的保证，我们将失去在整个土耳其地区的优势地位。所以，请你在开罗地区至少再待一周，在此期间，我们将对这些问题进行研究，确保双方都竭尽全力。同时，另外的三万援军将于 11 月 15 日抵达你处，定会影响埃及当地的局势。

1940 年 11 月 2 日

艾登先生在与韦维尔将军以及威尔逊将军进行的早期会议和会谈中，曾经提出这样的问题：如果意大利不对埃及展开进攻，我们打算怎么办？于是，他们将这个重大军事机密告知了艾登先生，即：我们

正在计划袭击驻守西非沙漠地带的意大利军队，而不是坐等意大利来进攻马特鲁港。艾登和韦维尔两人都没有向我或者参谋长委员会透露过该计划。韦维尔将军甚至请求陆军大臣不要发送任何有关这一计划的电报，而是等他回国之后亲口告诉我们。所以，一连几个星期，我们完全不知道他们在谋划什么。从我在 10 月 26 日发出的电报中可以清楚看到，任何在西非沙漠地带开展的大规模先发制人的军事行动，我都会极力支持。然而，在艾登先生回国之前，所有人对于韦维尔和威尔逊的印象一直是：他们仍然纠结于马特鲁港的防御战，正在那里等着挨打。而在此危急关头，他们唯一打算采取的行动似乎是——向克里特岛派出大概一个营的兵力；向希腊派几个空军中队；派遣少数部队袭击多德卡尼斯群岛；在苏丹发动一次小型但适宜的进攻。我们曾经冒着极大的风险，消耗了巨大的物力、财力才为他们配置的强大兵力，他们却似乎未曾好好利用。

因此，我们双方在此期间互通的函电均是基于相互的误解。一方面，韦维尔和陆军大臣认为，我们为了给予希腊徒劳的支援，硬要分散他们在西非沙漠地带展开进攻而集结的兵力。而另一方面，不了解他们有进攻意图的我们，反对他们在此关键时刻袖手旁观或者浪费时间。事实上，正如大家即将见证的，我们双方意见一致。艾登先生于 11 月 1 日发来一封秘密电报，内容如下：

> 我们无法从中东抽调足以对希腊战局产生决定性影响的空军或者陆军增援部队。从中东调去这样的兵力，或者将那些尚在途中或已获批准的增援部队转而派往希腊，都将危及我们在整个中东地区的优势地位，也会妨碍我们在不止一个战场上的进攻计划。经过艰苦卓绝的奋斗，我军克服了重重困难，目前就地面部队而言，我们已经在此建立了一支足够强大的防御部队。如今我们正处于有利地位，一旦成功，将会对整个战局产生深远影响。所以，放弃这项任务而另作他图将是下下之策，而将我们的兵力分散用于一个不起决定性

作用的战场，也是不明智的。我们能够帮助希腊的最好办法就是——打击意大利，利用我们已经壮大的军事力量，对我们计划进攻的地方展开突袭，才能最有效地做到这一点。我迫切希望能够尽早向您详述此间的部署和计划，并提议……于3日动身，选择最短路线回国。

这封电报与我发往喀土穆给他的电报刚好错开，等到后来他到了开罗，我又将那份电报重新发送给他。

首相致艾登先生：

　　希腊当前的局势非常严峻，因此你必须立刻前往开罗，否则后果将可能十分严重。不管这有多么不公平，我们都不能对希腊的崩溃置之不理，这将对土耳其地区以及未来战局产生致命的影响。目前德军还未参与其中，希腊尚能应对意大利的进攻。所以，必须将建立于克里特岛的燃料基地和飞机场逐步发展为永久的军事据点，目前我们也正在推进此事。我们必须确保直接为希腊提供支援，即使只是象征性的派些部队也行。我非常了解你和你的同僚们坚持要在马特鲁港打一场战争的信念。但是正是因为这个原因，这场战争未必真会发生。敌军将会等待输油管道的竣工，集结比当前更加强大的部队。而你们横穿沙漠进攻的困难是显而易见的，如果在接下来的两个月里，你们没有在利比亚大举进攻的话，那么就必须冒险前往希腊进行增援。自6月起，我军已经派了七万多人前往中东司令部，而且另有三万人将在11月15日之前抵达，截至年底，我们还会继续派遣三万五千人。各装甲团已于昨日启程，由大型护航队相伴。因此，我并不认为，你所说的各种小规模进攻，外加马特鲁港的主要防御，会比在希腊采取有效行动还要重要。

　　如今我们兵力日益增加，如果选择在埃及按兵不动，而

且对希腊局势以及所有相关问题置之不理的话，没有人会感激我们。失去雅典的危害性远远大于失去肯尼亚和喀土穆，所以我们没有必要付出这种代价。请仔细阅读帕勒里特（英国驻雅典的公使）的电报。战争时期，新的危机随时出现，我们必须加以应对，而且不能让局部见解压制主要问题。人们未曾料到，意大利会选择在今年这么晚的时候进攻希腊。在埃及和英国的适当援助下，如果希腊奋力抵抗，也许能够阻止敌人的入侵。我正设法从英国国内调集大批轰炸机和战斗机前往克里特岛和埃及进行增援，其地勤物资将由巡洋舰负责运送。如果此计划切实可行，请于明天或者周一通过电报通知详情。我相信，你定会牢牢把握当前局势，抛弃一切消极被动的政策，充分利用我们手中的机会。在战争中，"安全第一"必将导致毁灭，即使你选择安全，却并不代表你会安全。请尽早将你的提议发送给我，或者直接告知我你没有任何提议。

1940 年 11 月 3 日

我再次发送电报：

  正如参谋长委员会在附电中已经详述的，我们正在向你们派遣空军增援部队。所以，请立刻将一个"勇士"式战斗机中队以及两个"伯伦翰"式战斗机中队派往希腊。如有必要，请调派一个营前往克里特岛，并在上述增援部队抵达时，尽快向其再派一个"勇士"式战斗机中队。而我军增援希腊各机场的高射炮，必须先于这些中队抵达。

1940 年 11 月 4 日

当时，有人提议，要求希腊人将克里特岛师留驻该岛。于是，我发出以下备忘录：

首相致帝国总参谋长：

　　说服希腊人放弃克里特岛师是非常困难的。如果成功的话，我们势必要向该岛派出更多的军队。重要的是：那里必须有一定数量的军队，同时必须让敌人认为我们有大批部队正在登陆。需要戒备的区域非常辽阔，而且如果敌人进行反攻，后果将会非常惨重。

　　请将你的看法向我汇报。

1940 年 11 月 6 日

首相致帝国总参谋长：

　　如果我们只是为了满足自己使用克里特岛的目的，却不允许希腊人使用他们第五师三分之二的兵力，那么我们其实没能为希腊提供多大帮助。克里特岛的防卫依赖于海军，不过无论如何，也必须在岸上部署一定数量的部队。我担心，两个英国营以及余下的三个希腊营的兵力是否够用。我十分感谢你能按照我的要求向韦维尔将军发送电报。他必须尽快进行筹备：

　　1. 三千或者四千人组成的补充部队以及十二门大炮。当然他们无须机动或装备齐全。

　　2. 他必须从他不准备在即将展开的战斗中使用的军队抽调这部分兵力。

　　3. 我们必须告诉希腊人，我们可以抽调希腊第五师的六个营和炮兵部队，与希腊的主力部队一同作战。

　　必须竭尽全力火速将武器或装备运往克里特岛，以便在那里编成一个希腊的后备师。那么，他们就能配备充足的步枪和机关枪。但是如果希腊的一个师无法在伊庇鲁斯前线参加战斗其后果将会非常糟糕，如果我们因为兵力不足而失去克里特岛，这将会是一种犯罪。

1940 年 11 月 7 日

艾登先生曾经迫切地期望回国向我们汇报，如今时机刚好，下面的电报可以道明其中原委。

艾登先生致首相：

　　大家都极力主张，我应该尽快回国，当面向您陈述从中东观察到的当前的整个局势。热切希望能够得到您的批准。我提议明天早上出发。目前我已准备妥当，和您见面之后，如有必要，可以随时返回这里。但我认为，我们之间的会晤非常迫切，因为我无法在电报中向您详细阐明当前的局势以及我们的计划。

1940 年 11 月 3 日

对此，我表示赞同，于是陆军大臣启程回国，同时向我发送电报，阐述了以下几点：

　　开罗会议对于克里特岛的形势进行了探讨。海军上将坎宁安着重指出：占领克里特岛不仅能够保障地中海东部地区的安全，而且能够干扰意大利通往北非的交通运输，因此对我们而言意义重大。然而，由于缺乏反潜舰艇的保护，目前我军舰队每次在苏丹湾的停靠时间不能超过几个小时。

　　他认为，在希腊尚未被攻占之前，意大利在近期内不会试图进攻克里特岛。我曾在 11 月 1 日的电报中提出向克里特岛派遣部分增援部队，他和韦维尔也一致同意这个安排。海军上将坎宁安认为，无须在克里特岛部署大批英国军队，而且他坚信，一旦将克里特人组织起来，一个营外加这些防空设施，已经足矣。然后，我们例行讨论了希腊的援助问题。正如我们曾在 9 月 22 日提到的："在德国和意大利对埃及的威胁最终解除之前，我们可能给予希腊的任何援助都不能实现，毕竟埃及的安全，不管是对于我军的作战策略，还是希腊的未来，都是至关重要的……"

希腊迫切需要的是空军支援。第三十"伯伦翰"式战斗机中队已于今日启程前往雅典。朗莫尔再次强调，在当前的情况下，他极力反对再派遣任何空军中队前往支援希腊作战。他认为，这样将会导致他的飞机遭受意大利的重创，因为希腊或者克里特岛的机场既没有机库，也没有适当的地面防空部队或者其他防空设施，而且短期内临时构筑这些设施也很困难……总之，所有司令官都极力主张，若想保住我们在地中海的整体地位，首要任务是要保卫埃及。他们认为，从战略角度出发，当前这个任务非常紧急，比防止希腊被敌军攻陷更加重要。如果我们想继续得到土耳其的支持，这也是必不可少的。

他还向我私下发来密电，具体内容如下：

参谋长委员会曾在电报中下达向希腊派出增援部队的命令，这不仅会给西非沙漠地带的行动增添风险，伤亡人数也可能会增加。但是如果我们想要兑现援助希腊的政治承诺，就必定会面临这些风险。撤兵虽然不利于我们在西非沙漠地带的作战部署，但也不至于完全打乱作战计划。除此之外，任何为了加快对希腊的增援速度而增加的任务或者进行的尝试，都将严重危及我们在埃及的处境。而空中增援部队，尤其是战斗机中队，将于何时抵达埃及，替代那些已经调往希腊的部队，迄今还是未知数。就以往的经验来看，之前的预计并未实现，时间也远远落后于预期。我感觉，目前我已没有什么可做了，因此我提议明天乘飞机启程回国。

1940 年 11 月 5 日

*　*　*

　　艾登先生于 11 月 8 日回到国内，并于当晚"例行"的空袭开始之后，拜访了我在皮卡迪利大街的临时地下住所。他带来了那个讳莫如深的秘密，一个我很早之前就想知道的秘密。尽管我现在才被告知，所幸并无大碍。艾登先生把韦维尔将军和威尔逊将军所构想和拟订的进攻计划相当详细地透露给我们指定的几个人，包括帝国总参谋长和伊斯梅将军。如今我们已经为马特鲁港的防御战进行了长期而周密的部署，就再也不必在坚固的防线上坐等意军进攻了。相反，大概一个月内，我们就会主动出击。这个作战计划命名为"罗盘"行动。

　　从地图上可以看出，格拉齐亚尼元帅所率领的意大利军队——当时约有八万人——已经越过埃及边境，并在长达五十英里的战线上分散驻扎在一系列设防的营地。不过营地与营地之间相距甚远，既无法相互支援，也没有战略纵深。敌军右翼的索法菲营地与紧邻的尼贝瓦营地之间相距二十英里。我军计划利用这段空隙从敌军后方，向地中海方向，也就是向西对其尼贝瓦营地以及位于图马尔的一系列营地展开猛攻。同时，利用轻型部队牵制位于沿海的索法菲营地以及梅克蒂拉营地。如今，必须出动第七装甲师、现在已装备齐全的第四英印师、英国第十六步兵旅，以及来自马特鲁港驻军的一支混合部队，才能实现这个目标。这个计划虽然危险，但也有出奇制胜的机会。其危险在于：我们的精锐部队需要在空旷的沙漠地带连续两晚行军七十英里，才能深入敌军核心阵地，在此期间，我军很有可能会被敌军发现，遭受敌军空袭。此外，有关食物和汽油的供应问题，我们也需要进行精确的计算和筹划，一旦时间稍有偏差，后果将十分严重。

　　这个计划值得冒险。我们可以从海上将先遣部队运至布克·布克或其附近地区，进而切断格拉齐亚尼元帅所率领意军的运输线。届时，在我军的猛烈攻势下，在其后方遭受我军突袭的敌军，将可能大规模投降。照这种趋势，意大利防线将会土崩瓦解。一旦意大利的精锐部

队全部被俘或者全被歼灭，他们将无法抵御我军的新一轮袭击，也不能沿着长达数百英里的海岸公路组织任何行动，将部队撤到的黎波里。

这就是几位将军与陆军大臣商讨的绝对机密，也是他们不愿通过电报转达我们的重要内容。了解这个计划之后，大家都十分开心，我也连声叫好。这的确值得大干一番。于是，我们当场决定：只要参谋长委员会和战时内阁一致同意，我们将立即批准这一绝佳的计划，并将其摆在所有工作的首位。尽管我们资源有限，需求紧张，但这个计划的相关需要必须首先满足。

按照程序，没过多久，我就将这些提案提交给了战时内阁。我也做好准备由自己或者艾登先生向他们陈述这一计划。当获悉战场上的将军们以及参谋长委员会完全赞同我跟艾登先生的想法时，我的内阁同僚们纷纷表示，他们不希望了解这个计划的详情，而且知道详情的人应越少越好，不过他们完全支持采取攻势策略。这就是战时内阁在几次重要事件中所秉持的态度，我在此将其记录下来，如果将来遇到类似危险或者困难，可以把这些作为典范。

*　　*　　*

对于我们攻占克里特岛，意大利舰队并未采取任何应对措施，不过自从我们的海空实力大为增强之后，海军上将坎宁安倒是迫不及待地想要突袭驻守在塔兰托的意大利舰队。随着支援部队抵达马耳他，由"巴勒姆"号战列舰、两艘巡洋舰以及三艘驱逐舰组成的增援舰队驶到了亚历山大港，我军于 11 月 11 日发动突袭。和马耳他相距三百二十英里的塔兰托，位于意大利靴形半岛的后跟部。其宽阔的港口层层设防，足以抵御任何现代化武器的攻击。于是，我们首先派出了几架高速侦察机飞临马耳他，辨识我们所要袭击的目标。然后，根据计划，我们从"光辉"号航空母舰上出动了两批飞机，第一批十二架，第二批九架，其中有十一架携带鱼雷，剩余的则携带炸弹或者照明弹。随着夜幕降临，"光辉"号从距塔兰托一百七十英里左右的海域派出

飞机。在接下来的一个小时里，战斗十分激烈，意大利舰队在一片火光之中被打得七零八落。尽管高射炮的火力很凶猛，但我军飞机仅有两架被击落，其余的都安全返回了"光辉"号。

仅此一战就使地中海地区的海军力量对比骤然改观。从空中拍摄的照片来看，包括新建的"利托里奥"号在内，意军共有三艘战列舰被鱼雷击中。此外，据报道，还有一艘巡洋舰被击中，造船厂也遭到了严重破坏。经此一役，意大利一半的战舰至少在半年之内无法恢复战斗力。而我们的海军航空兵部队因为此次英勇出击，及时抓住了这个罕见的良机而欢欣不已。

恰好这一天，意大利空军奉墨索里尼之命，参加了对大不列颠的空袭，从而为我军袭击塔兰托的行动平添了一丝讽刺意味。一支意大利轰炸机部队，在六十架战斗机的掩护下，企图轰炸梅德韦河上盟国的军事运输舰队，却遇到了我军战斗机的截击，共有八架轰炸机和五架战斗机被击落。这是意军第一次也是最后一次干预我国内政，其实他们倒不如利用这些飞机去保护他们驻守在塔兰托的舰队。

*   *   *

我立即将这些消息及时地向罗斯福总统传达：

前海军人员致电总统：
　　我相信，对于塔兰托战役的成功，您也一定感到非常高兴。三艘未曾受损的意大利战舰已于今日离开塔兰托，可能撤往的里雅斯特了。

1940 年 11 月 16 日

然后还有一封电报：

前海军人员致电总统：

我曾要求海军部对塔兰托战役做了以下海战纪要，现将其发给您，也许您会感兴趣：

1. 对于这次袭击行动，地中海舰队总司令筹划了许久；他原本打算：如果夜晚光线条件合适，行动日期就定在 10 月 21 日（特拉法尔加日），但是由于"光荣"号出了点小意外，这次行动只能延期。等到 10 月 31 日和 11 月 1 日他在地中海中部巡航时，这个想法再次浮现，可惜天公不作美；他也曾考虑借助降落伞的照明弹展开进攻，但是效果可能不佳。他深信，进攻的成败依赖于光线的明暗和天气的好坏，也取决于舰队的行踪不被敌人察觉，以及我军有效的侦察。侦察任务是由飞艇和"格伦·马丁"式飞机中队从马耳他出动完成的。11 月 11 日至 12 日的夜间，上述所有条件均已具备，于是我军发动突袭。不过，由于塔兰托海湾天气不佳，在 12 日至 13 日夜间，我军未能再次进攻。

2. 我军还采用了复式发射管，大概也有助鱼雷击中敌舰。

3. 11 月 11 日，驻安哥拉的希腊大使报告：意大利舰队正在塔兰托集结，准备进攻科孚岛。11 月 13 日，根据侦察，大概由于受到 11 日至 12 日的袭击，未受损伤的战舰以及装有八英寸口径大炮的巡洋舰已经离开了塔兰托。

1940 年 11 月 21 日

*　　*　　*

这时，我向韦维尔将军发送了如下电报：

首相致韦维尔将军：

我曾与参谋长委员会以及各位部长根据近期动态，对当前的整体局势进行了研究。意军在希腊前线遭受阻击；英国海军成功袭击意军驻塔兰托舰队；意大利空军在不列颠上空表现无能；有关意大利国内士气低落的好消息频频传来；加拉巴特的局势；你在西非沙漠与敌军的交战；尤其是整体的政治局势；所有这一切都利于开展你向陆军大臣所提议的这项军事行动。

如今意大利已经摇摇欲坠，德国不大可能长期不给予援助。所以，如今正是我们从海、陆、空三方面袭击意大利的时候了。你也应当与其他司令官协同作战。

1940 年 11 月 14 日

首相致韦维尔将军：

四面八方传来的消息必然使你已经意识到"罗盘"行动的重要性：它不仅影响着整个中东（包括巴尔干各国和土耳其在内）的局势；还影响着各国的态度，包括法国人对北非的态度，以及惴惴不安的西班牙人和身陷困境的意大利的态度；甚至影响着整个战争的走向。虽然盲目乐观并不可取，但我现在满怀信心和希望，并且坚信：我们完全应该为这项伟大事业而冒险一战。

关于我方舰队应分担的任务，我已请海军部前去询问。如果得到批准，想你必将充分利用此契机，将一切计划周全。我正在让参谋部研究，在理想的情况下，我们是否有可能在海上进行远距离的运输，也就是通过沿着海岸行军的方式，把作战部队和后备部队送到前线；我们是否有可能修建新的补给基地，以供我们追击敌人的装甲车辆及装甲部队使用。对此，我并不希望知晓细节，但我想要确保我们已经权衡、考察并且尽可能准备好了一切。

有人说，希特勒无论如何也不会向他的伙伴施以援手，这似乎令人难以置信。显然，德国的计划远不止是通过借道

保加利亚来占领萨洛尼卡。从多方面获得的报告来看，德国人并不赞同墨索里尼的冒险行动，他们想让墨索里尼自食恶果。这使我越发有种不祥的预感：某件不妙的事情已酝酿成熟，且即将爆发。所以，它每延迟一天到来，就对我们越有利。或许"罗盘"行动本身也决定着南斯拉夫和土耳其的行动，无论如何，只要成功，我们就能对土耳其许下承诺，尽快予以支援，而且其规模将远超我们目前所能提供的帮助。现在人们甚至可以看到某种趋势，即中东的重心有可能突然从埃及转到巴尔干各国，从开罗转到君士坦丁堡。你自然也会想到这一点，所以，参谋部目前正在对此进行研究。

正如我们不久之前说过，只要是你和威尔逊经过深思熟虑而采取的行动，不管成功与否，我们都将全力支持。因为在战争中，我们只能争取成功却不能保证成功。

烦请转告朗莫尔，他能冒着遭受惩处的风险，调回非洲南部的空军中队，这种行为令我十分钦佩。如果一切顺利，"狂暴"号及其运载的装备将于明日抵达塔科拉迪。这些应该能够对他做些弥补，毕竟为了支援希腊，我们从他那里抽调了不少兵力。在希腊的几次胜利中，皇家空军都发挥了重要作用，产生了巨大的军事和政治影响。祝愿你们二人一切顺利，也祝海军上将坎宁安一切安好，他近来表现得非常出色。听说他发现苏达湾有"不可估量的价值"，我为此感到高兴。

1940 年 11 月 26 日

首相致外交大臣：

我向英国驻土耳其大使提出以下几点建议：

关于支持或反对土耳其参战的各种理由，参谋人员已将所能想到的全部进行了汇报；我们已将此事告知你，但是并不希望你质疑我们的主张以及对你做出的指示。我们希望土耳其能够尽快参战。我们不会逼迫它采取任何特殊行动去支

援希腊，而只是希望它能向保加利亚申明：如果德军借道保加利亚进攻希腊，或者保加利亚对希腊采取任何敌对行动，那么土耳其就会立即宣战。如果可能的话，我们希望此刻土耳其和南斯拉夫能够协调一致，一旦发现德军有向保加利亚移动的迹象，就立即联合向保加利亚和德国发出警告。只要德军穿过保加利亚，不管保加利亚是否曾予以协助，土耳其都必须立即投入战斗，这一点至关重要。因为土耳其如不照办，就会发现自己已经彻底陷于孤立无援之境，接下来敌人会逐步吞并巴尔干各国，届时我们也将无力回天。你可以提一下，等到1941年夏天，我们希望至少会有十五个师在中东作战，到年底则会有将近二十五个。毫无疑问，我们有能力在非洲击败意大利。

　　下午6时，参谋长委员会一致通过以上建议。

1940 年 11 月 26 日

首相致海军大臣、第一海务大臣，并请伊斯梅将军转参谋长委员会：

（送交空军参谋长一阅）

　　"狂暴"号应即刻返回，并运送另外一批飞机和驾驶员前往中东进行增援。在其完成此次任务之前，我们应竭尽全力延缓它的检修。至于如何整编这支军队，则应交由空军参谋长决定。

1940 年 11 月 30 日

首相致伊斯梅将军：

　　我们在苏达湾（克里特岛）究竟表现如何——即：军队、高射炮、岸防炮、探照灯、无线电、雷达测向仪、防潜网、水雷以及机场的准备等，完成得怎样？

　　我希望我们能够保证，会有数百名克里特岛人前往加强

防御工事，扩大机场规模，并改善机场环境。

1940 年 12 月 1 日

首相致伊斯梅将军，转参谋长委员会：

　　意大利军队继续从阿尔巴尼亚撤退。根据我们今日收到的报告：意军不仅难以在利比亚沙漠获得食物和饮水，而且他们目前正将飞机调回的黎波里以免遭受我军袭击；三十三架"旋风"式战斗机及其优秀驾驶员也已安全抵达塔科拉迪。这些新的事实使我们对当前局势更有信心，我们应将这一看法致电韦维尔将军。

　　一旦敌人溃逃，我们就能利用海路，在一夜之间把物资和作战部队向前推进八十英里，并让生力军担任先锋部队，这种大占上风的情形在战时是极为罕见的。不过，韦维尔将军似乎没有在复电中提及这一点。鉴于在这场战斗中，我们押上了巨大赌注，我认为：如果不把参谋人员的研究成果送他一阅，我们就没有尽到自己的责任。拥有两栖部队却不加以使用，这无异于犯罪。因此，我希望，如果这份研究报告有所裨益，请用电报将其发送过去。无论如何，此事最迟须在 12 月 3 日之前完成。

　　综合观察之后的结果就是：如今，我军已经占领苏达湾，使得我们对马耳他的形势放下心来。只要我们的舰队停在或者可以停泊在苏达湾，敌人将无法大举登陆马耳他，更何况为了增援该岛，我们还从中东调来了坦克和大炮……自我军成功占领苏达湾之后，东地中海的形势已大为改观。

1940 年 12 月 1 日

苏达湾的故事是悲惨的，但这个悲剧是直到 1941 年才开始上演的。我相信，那时我所直接执掌的战事指挥权，不亚于当时任何一个国家的任何一个执政者。我拥有丰富的作战知识，战时内阁对我忠心耿耿、

积极配合，所有同僚对国家赤胆忠心，我们的作战机构的效率日益提高，这所有的一切确保了宪法权力能高度集中。然而，中东司令部所采取的行动，却与我们下达的命令以及期待的成果相差甚远！必须谨记，这个时期，为了精确估计敌人的活动范围，我们在方方面面都做了大量工作。然而，令我诧异的是，我们竟然未能将克里特岛变为两栖作战的根据地，并把整个苏达湾作为这一根据地的要塞。虽然我们在所有事情上彼此谅解、意见一致，也付出了许多努力，却终究功败垂成。不久之后，我们就为自己的疏忽付出了惨重的代价。

*   *   *

墨索里尼遭受的另外一次挫折是在意军取道阿尔巴尼亚入侵希腊的时候。不但首次进攻被击退，造成了巨大损失，而且希腊还立即发动了反击。在北部（马其顿）战区，希腊军队攻入阿尔巴尼亚，并于11月22日占领科尔察。在平都斯山脉北部的中心战区，意大利的一个山地师全军覆没。意大利最初在沿海地区长驱直入，后来却又从卡拉玛斯河匆忙撤退。而在帕帕戈斯将军的率领下，希腊军队却在山地战中运用高超的战术——从两翼包抄敌人，出奇制胜。等到年末，英勇善战的他们竟然迫使意大利的整个战线沿阿尔巴尼亚的边境线向后撤退了三十英里。希腊的十六个师甚至将意大利的二十七个师围困在阿尔巴尼亚长达数月。希腊出色的抗战表现令其他巴尔干国家备受鼓舞，墨索里尼的威望则一落千丈。

*   *   *

11月9日，内维尔·张伯伦先生在其故乡汉普夏郡逝世。我曾得到英王的许可，一直将内阁文件送至他的家中。直到去世的前几日，他仍然不顾重病，心系国家大事。死亡将至，他却显得十分安详。我想，知道自己的国家至少已转危为安，他去世的时候一定非常欣慰。

11 月 12 日，我在议会上发表演说，号召大家向张伯伦先生的优良品格和光荣事迹致敬：

　　我们在临终之际，可能都会反复省察自己的言行。对于人类来说，没被赋予准确预知或预言事态演变的能力，是一件幸事；否则，生活将会令其无法忍受。在某个阶段，人们似乎做得对，但从另一个阶段来看，他们似乎又做错了。然而，几年之后，时过境迁，以往的一切，又变得截然不同。事物的评判又有了新的准绳和价值尺度。回顾往昔，历史举着它那摇曳的灯盏，沿着过往的陈迹跟跄前行，我们试图重现当年的情景，再次激荡起当年的回声，用微弱的光点燃昔日的热情。然而这一切又有什么价值呢？冥冥之中引领一个人前进的其实是他的良心，而正直和诚实则是保卫他的唯一的盾牌。人生路上，我们常常因希望破灭和计划落空而遭到嘲弄，如果此时我们不与这面盾牌相伴而行，则是极不明智的。反之，不管命运如何捉弄我们，只要我们高举这面盾牌，便可永远披着荣光前行。

　　对于这些惊心动魄的岁月，不管历史是否给予评价，我们都确信，内维尔·张伯伦在其生前凭借自己的智慧，真正做到了以至真至诚，求尽善尽美：他将自己强大的能力和权力运用到极致，竭力把我们从这个战乱频繁、生灵涂炭的世界中拯救出来……阿道夫·希特勒还大言不惭，故作姿态，号称自己只是渴望和平。在内维尔·张伯伦先生肃穆的墓前，这些狂言呓语值得一提吗？未来的日子必将漫长艰苦，凶险莫测，但是我们至少应该团结起来，怀着一颗赤子之心前行……

　　和他已故的父亲以及哥哥奥斯汀一样，他也是下议院的知名议员。今天早上，英国所有政党的成员，无一例外，齐聚于此，追悼这位能配得上迪斯雷利首相所称的"英国的财富"的人。站在这里，我们所有人乃至整个国家都深感光荣。

第五章

FIVE

租借法案

罗斯福再次当选总统——英国在美国的军火合同——在晦暗不明的战争中英国损失的美元——英国和美国的共同利益——英国军事实力的恢复——大西洋上即将到来的危机——英、德战舰力量的对比——大西洋上的生命线——"消除美元符号"——洛西恩的忽然逝世——艾登先生重回外交部——马杰森上尉出任陆军大臣

此时，在枪炮交响的轰鸣声中，出现了另外一件决定世界命运的大事。1939 年 11 月 6 日，美国举行总统选举。尽管四年一度的大选竞争异常激烈，尽管共和党和民主党在国内问题上有着重大分歧，但两大政党的领袖却均对"推进人类和平与发展"——这一"崇高的事业"十分重视。11 月 2 日，罗斯福先生在克利夫兰说道："向大西洋和太平洋对面那些仍在坚持不懈抵抗侵略的国家提供一切可能的物质援助，是我们不变的政策。"第二天，他的竞争对手温德尔·威尔基先生则在麦迪逊广场花园宣布："无论是共和党人、民主党人还是无党派人士，我们都赞成支援英勇的英国人民，我们必须向他们援助我国的工业产品。"

这种博大的爱国主义精神保卫了美国的安全，同时也保障了我们的生存。然而，我却依旧十分焦躁地等待着竞选结果。富兰克林·罗斯福那样的学识和阅历，不是任何一个新上任者能够具备或在短期内能够获得的；在指挥才能方面，也没有人能够与他一较高下。我曾极其谨慎地与其建立起个人关系，且似乎已经达到了推心置腹、无话不谈的地步，这种关系也成为影响我全部想法的一个重要因素。所以，若要结束这段精心培育、逐步建立的友谊，打断我们正在进行的各类

商谈，跟一个思想、性格我完全不了解的人从头开始，绝非乐事。自敦刻尔克战役以来，我还从未这样焦灼不安。因此，当我得知罗斯福总统再度当选时，其欣喜之情真是无以言表。

前海军人员致罗斯福总统：

此前正值总统大选之际，作为一名外国人，我并不适合针对美国政治发表任何言论；但是如今，如果我说此前我曾衷心祈盼您能竞选成功，而且现在我也真心祝贺您的成功连任，相信您也不会介意。虽然当前世界局势危如累卵，英美两国必须各司其职，但这并不意味着，除了充分、公正、自由地运用您的智谋以外，我对您还有其他请求或要求。我们已经进入战争的黑暗时期，而这显然会是一场旷日持久的战争，其规模也必将日益扩大。自从战争爆发，由我出任海军大臣以来，我们相互之间日益信任，坦诚相待，因此我十分期待与您进行思想交流。事物一直在发展，所以不管在世界的任何角落，只要还有人讲英语，它们就会一直被铭记。看到美国人民再次把这一重担托付于你，表达欣慰的同时我也必须在此声明我的坚定信念：只要我们循着灯塔航行，定会平安抵达彼岸。

1940 年 11 月 6 日

说也奇怪，我始终没有收到这份电报的复电。我想，它很可能淹没在了茫茫贺电之中，或因公务紧急而被搁置一旁。

到目前为止，我们向美国提出的军火订单，虽曾与美国陆军部、海军部以及空军部进行磋商，但却并未经由他们之手。由于各方面的需求日益增加，我们忙中出错，以至在多处重叠订货，尽管大家都是出于一片好意，但这仍有可能在下级官员中引发矛盾。斯退丁纽斯曾写道："只有政府对于一切防务物资实行统筹一致的采购政策，我们当前的这项艰巨任务才能完成。"这就意味着美国政府将统筹安排美国的

一切军火订单。在连任后的第三天，总统先生公开宣布将根据"经验法则"分配美国的军火产品。即只要武器装备一出厂，就会被五五分割，一半分给美国军队，另一半分给英国和加拿大军队。同一天，战时物资优先分配局批准了英国的请求，同意除我们向美国定购的一万一千架飞机之外，再追加供应一万两千架。但问题是要如何支付这笔钱呢？

*　　*　　*

11 月中旬，洛西恩勋爵从华盛顿飞回英国，与我在迪奇利庄园一起度过了两天。当时，人们劝我不要总到契克斯去过周末，尤其是在月圆之夜，以免因敌人掌握了我的行踪而遭遇不测。罗纳德·特里先生和夫人在牛津附近有一座宽敞雅致的宅邸，在那里，我和我的僚属曾多次受到他们的盛情款待。迪奇利和布伦宁仅相距四五英里。在这舒适宜人的环境里，我接见了洛西恩大使。在我看来，他像是变了一个人。在过去的岁月里，他给我留下的印象一直是：知识渊博、贵族气派、超凡脱俗。同时，他又装腔作势、不切实际、冷漠严肃、吹毛求疵，不过他总是表现得轻松活泼，始终是一位很好的伙伴。现如今，在与我们共同经历沉重打击之后，我发现他变得真挚诚恳，深谋远虑。这位大使不仅对美国的态度了如指掌，而且通过主持"驱逐舰换基地"协议的谈判，赢得了华盛顿方面的好感与信任。回国之前，他与总统联系频繁，私交甚密。现在，他一心只想解决"美元问题"；而这也的确非常棘手。

由于受到战前中立法的约束，美国总统不得不在 1939 年 9 月 3 日颁布禁运条款，禁止美国将武器运往任何交战国。十天之后，他再次请国会召开特别会议，考虑取消禁运条款，因为它虽然看似公允，实际上却剥夺了英法两国因制海权而在军火和物资运输方面的优势。直到 1939 年 11 月底，经过好几个星期的激烈辩论之后，美国最终修改中立法案，采用"现金购买，运输自理"的新原则。美国方面依然严

守中立态度，这样它既可以把武器卖给德国，也可以卖给盟国。然而，事实上，我们的海军可以阻断德国的海上交通，因此只要英法两国有"现金"购货，他们就能自由"运输"。新法令颁布后的第三天，在能力卓越的阿瑟·珀维斯先生的带领下，我们的采购委员会开始工作。

*　　　*　　　*

最初参战时，包括美元现金、黄金以及在美国可折算成美元的投资在内，英国共拥有资产四十五亿美元。而唯一能使这些资产增加的方法就是：在大英帝国，当然主要是在南非，开采新的金矿，并且想方设法向美国出口商品，尤其是诸如威士忌、上等毛织品和陶瓷之类的奢侈品。通过这种方法，我们在战争的头十六个月又筹集了二十亿美元。在那场"晦暗不明的战争"中，我们进退两难，一方面，我们急需向美国订购大量军火；另一方面，却又深恐自己的美元储备消耗殆尽。早在张伯伦先生在任的时候，财政大臣约翰·西蒙爵士就时常向我们哭诉我国的美元储备少得可怜，并且一再强调保留美元的必要性。因而，大家或多或少会认为，我们应该严格限制从美国购买商品。我们的做法，就像珀维斯先生曾向斯退丁纽斯所描述的那样："我们就像被遗弃在一个荒岛之上，口粮不够，只能尽量多维持几天。"

这就意味着，为了弥补款项的不足，我们必须精打细算。和平时期，我们能够自由进口，交付货款也未受限制。但是随着战争到来，我们必须设立一个管制机构，从而控制黄金、美元以及其他私人财产的流通，以防心术不正的人将资金转移到他们认为较为安全的国家，进而削减多余的进口和其他开销。除了确保我们自身不会浪费资金之外，还必须要看其他国家是否接受我国货币。英镑区的国家支持我们：他们和我们一样，也采取了同样的外汇管制政策，并且十分愿意接受和持有英镑。而对于其他国家，我们采取了特殊方案，即：我们可以用英镑向他们支付，而英镑能在英镑区的任何地方流通，对于暂不使用的英镑，他们也答应保存，并且按照官方外汇汇率进行交易。这些

措施起初是与阿根廷和瑞典协定的，后来范围逐渐扩展到欧洲大陆和南美的其他国家，完全商定则是在 1940 年春季之后。面临如此困境，这些措施能够商定下来并得以维持，我们对此十分满意，这也足见英镑受人信任的程度。如此一来，在世界的许多地方，我们就能使用英镑进行交易，从而省下大部分宝贵的黄金和美元，以便向美国购买重要物资。

1940 年 5 月，急转直下的战况迫使我们面对可怕的现实，也使我们意识到英美关系已进入了一个新时代。自从我组建新政府，并由金斯利·伍德爵士担任财政大臣以来，我们采取了一个更为简单的政策，即我们尽可能地订购一切所需物资，至于未来的财政问题，就留给"永恒的上帝"去解决吧。目前，敌人正通过连续不断地狂轰滥炸，虎视眈眈地准备入侵，而我们则在孤军奋斗，为生存而战。如果我们此时还在担心美元告罄的后果，那就实在是谨慎过头了。我们意识到，美国的公众舆论正在发生着巨变：不仅是华盛顿，甚至是整个联邦，都日益相信英美两国的命运紧密相连。此时，美国民众更是掀起了一个同情和钦佩英国的高潮。华盛顿不仅直接向我们传达了非常友好的信息，还通过加拿大间接转告，天无绝人之路，鼓励我们英勇战斗。而且，财政部部长摩根索先生也会始终不渝地拥护盟国的事业。所以，把法国 6 月份在美国的订货合同转接过来之后，我们的外汇支出几乎翻倍。此外，我们还向各方面下了新的订单，购买飞机、坦克以及商船，推动了美国和加拿大当地大型工厂的扩建。

* * *

截至 1940 年 11 月，我们已经付清所购货物的所有款项。我们卖掉了价值三亿三千五百万美元的美国股票，而且这是我们用英镑从英国的私人持有者手中征购而来的。我们已经支付了超过四十五亿美元的现金。因此，我们只剩二十亿美元，而且其中大部分属于投资，多数无法立刻上市出售。显然，我们不能再这样继续下去了。即使我们将黄金和国外资产全部卖掉，也不足以偿付订货款项的一半，况且依照当前战况，我们还需追加十倍的订货。所以，我们手头必须留有余钱以供日常之需。

洛西恩大使相信，总统和他的顾问们正在认真寻找能帮助我们的最佳途径。如今选举业已结束，是时候采取行动了。弗雷德里克·菲利普斯爵士正和摩根索先生一起，分别代表两国的财政部，在华盛顿连续不断地会谈磋商。大使则催促我给总统先生写信，全面陈述我们当前的处境。于是，与他协商之后，我于周日在迪奇利庄园草拟了一封致总统的私人信件。11月6日，我致电罗斯福总统："我正在给您写一封长信，展望1941年的前景，几日之后，将由洛西恩大使转交给您。"这份文件不仅需要参谋长委员会和财政部反复进行审核，而且需要提交战时内阁批准，因此在洛西恩返回华盛顿之前，其手续未能完成。于是，11月26日，我致电洛西恩："我还在为致总统先生的那封信而奔走，但我希望能在几天之内将它拍发给你。"12月8日，这封信最终定稿，我随即将其拍发给总统。作为我曾写过的最重要的书信之一，它不仅阐明了伦敦相关各方对整体局势的共同看法，而且显著影响了我们的前途，因此值得大家研究。

亲爱的总统先生：

1. 值此岁末年终之际，您也许希望我向您作一份来年展望。本着坦诚和信心，我提出了对1941年的展望。因为绝大多数的美国人对此深信不疑：美国的安全，我们这两个民主国家的未来以及我们所代表的文明，都和英联邦国家的生存和独立息息相关。只有这样，那些忠实友好的国家才能掌控大西洋和印度洋的制海权。美国海军控制的太平洋和英国海军控制的大西洋，是英美两国不可或缺的安全通道和贸易通道，而且也是防止战火蔓延到美国海岸的最可靠的方法。

2. 还有另一个原因。将一个现代国家的工业体系变得适应战争需要，需要三四年的时间。当工业竭尽全力从民用工

业转型为军需生产时，便达到了饱和点。毫无疑问，德国在1939年年底就已经实现了这一点。而我们大英帝国才进行到第二个年头的二分之一。我想，美国应该不及我们。而且，我了解到目前美国正在进行大规模的海、陆、空防御计划，完成这些计划无疑需要两年。在美国准备就绪之前，坚守阵地并与纳粹势力做斗争，是我们英国人为捍卫共同利益应尽的职责，同时也是为了我们自身的生存。也许夺取胜利并不需要两年时间，但是我们不能有所松懈，必须全力以赴。因此，我满怀敬意地向您提出，希望您秉承友好的态度，仔细考虑在这些条件下，大英帝国和美国之间坚实的利益关系。正是出于这一点，我才冒昧给您写这封信。

3. 这场战争采取了并很可能继续采取这种方式，使我们难以在任何有德军主力出现的战场上与德军的大部队作战。然而，通过海军和空军，我们能迎击德军相对较小的部队。我们必须竭尽全力防止德国的统治从欧洲扩展到非洲和南亚。同时，我们必须时刻保证军队的战斗力，要足以抗击海上入侵。正如你所知道的，我们为此正努力筹编五十到六十个师。即使美国成了我们的盟国，而不仅是我们的朋友和必不可少的伙伴，我们也不会要求美国派遣一支庞大的远征军。其限制性因素是船舶而不是人员，因此军火和供应品运输是首要任务，其次才是大量兵力的海上运输。

4. 对同盟国和欧洲而言，1940年上半年面临的困难重重。在过去的五个月里，大不列颠孤军作战，但您在第三次任职总统期间，为我们提供了重要的军火和驱逐舰援助，于是大不列颠奇迹般地、顽强地恢复过来。

5. 目前，敌人以压倒性的兵力迅速摧毁大不列颠的危险已大大地减少了。而另一种危险在逐渐形成，虽然不像前一种危险那样突如其来、触目惊心，但同样也是致命的。这种致命的危险就是船舶吨位持续地减少。在肆意的轰炸之下，

房倒屋塌，平民惨遭杀伤，这是我们可以忍受的。我们希望，随着科学的进步，我们能逐步躲开空袭，而且在我们的空军力量赶上敌人时便回敬他们，去袭击德国的军事目标。1941年的成败系于海上。除非我们能增强本岛的供给能力，确保食品和各种必需的军火输入，除非我们能调遣军队到各个战场去迎击希特勒和他的同伙墨索里尼，并将他们的兵力牵制在那里，同时确保我们所做的一切能一直坚持到独裁者精神崩溃，否则，我们也许会中途失败，美国也将失去为进行防御准备所需要的时间。因此，1941年整个战争的进展取决于船舶以及海洋运输——特别是大西洋的运输力量。另一方面，如果我们能使我们所需的船舶运输不受限制地在海洋上往返，那么，我们就可以把优势的空军力量对准德国本土，再加上德国人民以及其他惨遭纳粹蹂躏的民族日益增长的反抗，也许就能终结这场文明的浩劫，重现幸福与光明。

但是我们千万不能掉以轻心。

6. 我们的船舶损失几乎和上次战争损失最大的一年不相上下，近几个月的损失数据请参见附件。在11月3日的前五周内，损失共达四十二万零三百吨。为了保证充足的作战能力，我们估计每年应进口的吨位是四千三百万吨；9月间，进口吨位只达到了三千七百万吨，10月份达到三千八百万吨。如果船舶吨位以这个速度继续减少，后果将很严重，除非能及时得到远高于目前吨位的补充。我们虽竭尽全力用新的办法来应付这种局面，但要减少损失显然比上次战争困难得多。我们缺少法国海军、意大利海军和日本海军的协助，特别是缺少美国海军的协助，它曾在最紧急的情况下给我们重大的援助。敌人已控制所有法国北部和西部海岸的港口。他逐渐把这些港口和法国海岸附近的岛屿当作潜艇、飞艇和战斗机的基地。我们拒绝利用爱尔兰的港口和领土，从空中和海上对我们的海岸进行巡逻。实际上，目前我们只有一条

进入英伦三岛的有效航道，即北部航道，但是敌军不断在那儿集中兵力，并以潜艇和远程轰炸机进一步威胁我方。此外，近几个月以来，在大西洋和印度洋海域的商船都遭遇袭击。现在我们还需要对付强大的袭击舰。我们需要追击敌舰的舰艇和护航舰。尽管我们的资源和准备都如此充分，但还是不够用。

7. 接下来的六七个月里，本土水域的相关战舰的战斗力不能令人满意。"俾斯麦"号和"提尔皮茨"号在 1 月份肯定可以参战。我们已经有了"英王乔治五世"号，同时也希望"威尔士亲王"号能加入战斗。这些新式战舰的装甲方面，特别是防御空袭的能力，当然比二十年前的"罗德尼"号和"纳尔逊"号要强得多。最近，我们不得不将"罗德尼"号用作横渡大西洋的护航舰，但由于船只的数目少得可怜，一个水雷或是一枚鱼雷随时都会改变战斗编队的战斗力。等到"约克公爵"号在 6 月份竣工，我们就可以松一口气；1941 年年底"安森"号也将参战，那时情况就会更好了。但是，那两艘装备一流的十五英寸口径大炮的战舰有三万五千吨①，这使我们可以集中前所未有的兵力迎战。

8. 我们希望那两艘意大利"特里奥"级战列舰能暂时不投入使用。不管怎样，只要不是德国海军操控这两艘战列舰，就不存在什么危险性。不过可能他们真的会配备德国海军！我们非常感激您对"黎歇留"号和"让·巴尔"号战列舰所给予的帮助。并且，我敢斗胆地说，这样做是正确的。但是，总统先生，我想没有一个人比您更清楚。在这几个月里，我们必须考虑本次战争中首次出现了这样的舰队行动，即敌人即将拥有的两艘战列舰，至少不亚于我们最优秀的、也是仅有的两艘现代化战列舰。

---

① 实际上它们都将近四万五千吨。

另外，由于土耳其方面的态度，我们不可能在地中海地区削减我们的兵力。实际上整个东地中海的局势都取决于我们在那里拥有一支强大的舰队。那些相对陈旧的、不具备现代化作战能力的战舰将会用作护航舰继续投入使用。由此可见，我们在战列舰级别上的舰艇，依然非常紧张。

9. 维希政府可能会加入希特勒的欧洲"新秩序"，或者采用某种策略，例如迫使我们攻击一支去侵犯自由法国的殖民地的海洋远征军。这样，维希政府就可以找到一个借口，命令他们手中那支非常庞大的、完好无缺的海军与轴心国并肩作战。如果法国海军加入轴心国，那么西非地区的控制权将立刻落到他们的手中。这样将严重地影响北大西洋和南大西洋之间的交通，而且也会影响到达喀尔，当然也会随之影响到南美洲。

10. 另一个危险是在远东地区。显而易见的是，日本军队正在穿过印度支那，朝南面的西贡以及其他海军、空军基地进发，以接近新加坡和荷属东印度。据悉，日本人正在准备五个精锐的师团，以便日后用作海外远征军。如今我们在远东地区的军事力量难以应付这种新的发展态势。

11. 为应对上述危机，我们必须抓紧时间增加武器补给，尤其是战斗机的供应。一方面，我们要在国内冒着敌人的空袭坚持提高本土的产量；另一方面，我们还要从海外购买。这是一项相当艰巨的工作，我列出的事实和其他类似情况都印证了这一点。从某些角度看，这是两国共同的事业。我认为我有权利，准确地说是有义务向您介绍，美国可以为我们提供重要援助的各种方式。

12. 最迫切的是，我们需要检查或限制我们那些来往于大西洋和本岛之间的船舶的损失。要做到这一点有两个办法，一是增加对付袭击的海军力量；二是增加我们所需要的商船数量。

为了达到第一个目的，列举几种可供选择的方法：

（1）美国重申海上自由通航的原则，船舶不受非法野蛮的战争手段的骚扰。这符合第一次世界大战时做出的决议，而且德国在 1935 年欣然接受并对其作了规定。根据这项原则，美国船只可以和一些没有受到合法有效封锁的国家进行自由贸易。

（2）我认为美国的武装力量，如护航战列舰、巡洋舰、驱逐舰和空军编队，应该去保护这种合法的贸易。如果您能在战争持续期间获得爱尔兰的基地，这种保护措施就会更加有效。我认为，虽然一些危险的海上意外事故可能会时不时发生，但是这种保护措施不太可能引发德国向美国宣战。可以看出，希特勒先生想要避免德皇的错误。在还没有彻底地摧毁英国军队之前，希特勒先生是不希望与美国交战的。他的座右铭是"一个时期打击一个敌人"。

我冒昧陈述的这项政策，或与之类似的政策，能够促使处于非交战状态的美国采取果断行动。而且，比起其他任何方法，这些能更好的确保英国有效地抵抗，一直持续到最终取得胜利。

（3）如果以上所述难以做到，那么为了保护大西洋的航线，赠送、租借，或是提供大量的在大西洋上航行的美国军舰——特别是驱逐舰，就显得非常有必要了。此外，美国海军难道不能在靠近美国的大西洋海域扩大海上控制权，防止敌人的舰艇干扰美国正在西半球英属各岛上修建的海军和空军基地的新航线吗？美国海军力量是如此强大，所以美国提供给我们的上述援助不会危及其对太平洋的控制。

（4）我们还需要美国从中斡旋，需要美国政府不断地运用其影响力，为大不列颠在爱尔兰南部和西部海岸取得停泊小舰队的便利，而且更重要的是可以方便我们的飞机向西活动，进入大西洋上空。如果我们宣称，英国的长期抵抗以及

为输送北美为大不列颠准备的重要军需品而保证大西洋航线畅通无阻的行为均符合美国的利益。那么，在美国的爱尔兰人也许愿意向爱尔兰政府指出，爱尔兰当前的政策正在给美国自身带来危险。

如果爱尔兰所采取的行动有招致德国进攻之虞，英王陛下政府当然会事先采取最有效的保护措施。我们不能强迫北爱尔兰人民违背他们自己的意志，离开联合王国，加入南爱尔兰。但是，我不怀疑，在这紧急关头，如果爱尔兰政府能表达它与英语世界各民主国家团结一致的决心，那么爱尔兰国防委员会就能成立。战后，国防委员会或许能以某种形式实现爱尔兰的统一。

13. 以上措施旨在把我们目前在海洋方面的严重损失减少到可以控制的程度。除此之外，应当大大增加商船的供应，以满足大不列颠及其战争所需。商船吨位应当超过现在我们能够达到的最高的年产量一百二十五万吨。这一点是必不可少的。目前，我们进口商品都需要护航系统、绕航、"之"字航行和远距离的航程，加上我国西部港口的拥挤，使得我们现有船舶的吨位总数减少了大约三分之一。为了确保最后的胜利，我们需要增加不少于三百万吨的商船。对此，只有美国能够满足我们的需求。展望未来，我们在 1942 年的生产规模应该相当于上一次战争制订的霍格岛计划的生产规模。同时，我们恳求美国能在 1941 年，除了供应自己的需求外，把其拥有或是其控制的商船，悉数提供给我们，并设法把目前正在为国家海务局建造的商船，拨出其中一大部分来供我们使用。

14. 另外，我们希望共和国的工业力量能够弥补我们国内战斗机制造能力的不足。如果我们在这方面得不到持续的增援，我们就不能在空中取得绝对优势，进而削弱和摧毁德国对欧洲的控制。目前我们正在参与一项计划。这项计划要

在 1942 年春季前把我们的一线战机增加至七千架。但非常明显的是，这项计划还不足以让我们有足够的优势去冲开通向胜利的大门。为了取得这种优势，我们需要美利坚合众国向我们支援尽可能多的飞机。我们迫切地希望，即使面对敌人的不断轰炸，我们仍能完成原定生产计划的大部分。根据目前的安排，我们可以从美国得到飞机，但是，即使把这些飞机全部拨给我们的空军中队，我们仍然没有希望取得必要的优势。所以，总统先生，我能请您认真考虑一批每月增加两千架军用飞机的紧急订货吗？我希望在这批飞机中，绝大部分是重型轰炸机，因为我们主要是靠这种武器去粉碎德国军事力量的基础。我知道，这会让美国的工业组织承担一项十分艰巨的任务。在我们的迫切需求下，我们满怀信心地向世界上最有办法、最有才能的技术人员发出呼吁。我们恳求他们做出前所未有的努力，并且我们相信他们是可以办到的。

15. 您应该已经收到了有关我们的陆军需求的信息了。虽然我们处于敌人的轰炸之下，但在军火制造方面仍能稳步增长。如果没有您在机床方面的供应和对特定物品的让与，我们不可能在 1941 年装备五十个师。我感激你们充分合理的安排，感激你们对我们计划编成的军队支援装备，感激你们对我们另外的十个师及时提供美式武器，让他们能在 1942 年投入战斗。但是，当独裁统治开始衰退，许多力求恢复自由的国家可能要求得到武器，而但他们除了指望美国的工厂以外，再无其他可以指望了。因此，我们必须强调美国扩大小型武器、大炮和坦克的生产能力的重要性。

16. 我正在准备向您提出一份完整的计划，里面说明了我们希望从你们那里得到的各种军火。当然，其中绝大部分已经得到双方的同意。若美国军队选择的武器装备，其性能都已在实战中——不管何时都可以——获得证实，那么这样就可以大大地节约我们的时间和精力。如此一来，大炮、武

器弹药、飞机的数量就会迅速增长，因为储备的那一部分都能拿来交换。然而，这是一个高技术的领域，所以我在此就不详述了。

17. 最后，我要谈一谈有关财政的问题。贵国对于我们军火和船只的支援速度越快、数量越多，我们的美元消耗速度就越快。我们已经花掉了大半美元储备来支付到期的贷款，这点您是知道的。我国现存的美元储备全部加在一起，还要增加好多倍才能支付那些已达成或尚在协商的订单，那些为在美国建立兵工厂已经或等待支付的资金也包括在内，这点您也是知道的。用不了多久，我们就无法为船舶和补给品支付现金了。当我们做出最大的努力，不惜付出任何正当代价用外汇来支付的时候，我相信您会同意这样的看法：如果大不列颠在这场斗争中被夺去它全部可出售的资产，以致我们用鲜血换取胜利、拯救文明，和替美国争取了充分武装的时间之后变得一贫如洗，我想这样在原则上是错误的，对双方都是不利的。这样的做法不符合我们任何一国的道德和经济利益。战后，我们将无法为了满足美国的关税以及工业经济的需要，从美国进口超过对美国出口的货物。这样不仅我们在大不列颠备尝艰苦，就连美国也会因出口减少造成大量人口失业。

18. 此外，我不相信美国政府和美国人民认为依照原则需要立刻支付供应战争所需的军火和商品才能给予慷慨援助。可以肯定的是，为了这项伟大的事业，我们已经准备好尝尽所有苦难，做出最大的牺牲，并且将胜利视作我们最大的荣耀。我们满怀信心地把其他的事情留给您和您的人民去考虑，我们深信未来大西洋两岸的子孙一定会支持和赞扬这样的作为。

19. 总统先生，我深信，如果您认为摧毁纳粹和法西斯暴政对美国人民和西半球是一件大事，那么，您就不会把这

封信看成是呼吁援助的信，而将把它看作是一份陈述书，采取最小规模的必要行动来达到我们的共同目标。

白厅，唐宁街 10 号

1940 年 12 月 8 日

这封信附有一个统计表，列明在这段时间内敌人的袭击给英国、同盟国和中立国的商船造成的损失。

这封信送达我们伟大朋友的手中时，他正乘着美国军舰"图斯卡露莎"号在阳光灿烂的加勒比海巡航。他身边的人全是他的亲信。哈里·霍普金斯——那时我还不认识他——后来告诉我说，罗斯福先生独自坐在他的帆布躺椅上重读这封信，而且，经过了两天他都还没有得出明确的结论。他绞尽脑汁，陷入沉思。

经过深思熟虑之后，总统做出了一个非比寻常的决定。他所思考的问题绝对不是他不知道应该做什么。他的问题是如何带领国家说服国会遵循他的指示。据斯退丁纽斯说，早在去年夏末，总统就在船舶资源防务咨询委员会的会议上提议过："英国无须自己出资在美国建造船只，也无须我们向他们提供贷款来达到这一目的。值此非常时期，我们没有理由不把造好的船只租借给他们使用。"这种想法似乎最初来源于财政部，是财政部的法律顾问，特别是缅因州的奥斯卡·斯·考克斯，在财政部部长摩根索的启示下提出来的。原来，根据 1892 年战时的一项法令，陆军部部长"在认为符合公众利益的时候"，在国家不需要的前提下，可以把陆军的财产租借出去，为期不超过五年。这项法令的应用有先例可循，租借陆军各项用品的情况是屡见不鲜，有案可查的。

因此，罗斯福总统心中早就有了"租借"这个想法和适用原则来满足英国的需要，以此作为代替不久就要使英国失去所有偿付能力的无限期借贷政策的一种办法。现在突然果断地采取了行动，"租借"这一光辉概念也由此宣告成立。

12 月 16 日，总统从加勒比海归来，翌日，他便召开新闻发布会，提出了自己的计划。他举了一个简单例子来说明："假设我邻居家的房子着火了，而在离他四五百英尺的地方，我有一条用来给花园浇水的水管。如果他能拿我家的水管，接到他家的水龙头上，也许我就能帮他灭火。那现在我该怎么办？在救火之前，难道我要说：'邻居，我这条水管值十五美元，你要用的话，必须得先付我十五美元。'当然不能！那双方的交易究竟是什么？其实，我并不想要十五美元，我想要的，只是把火扑灭之后，把水管拿回来。"然后，他又说道："毫无疑问，绝大多数美国人都会认为，对于美国来说，最直接有效的防御措施就是大不列颠能够成功自我防卫；姑且不谈无论是在历史上还是在当前，英美两国均致力于在全世界范围内维系民主制度，仅从自私的立场以及美国国防的角度出发，我们也应竭尽全力帮助大英帝国自我防卫。"最后，他总结道："我准备去除美元符号。"

在此基础上，永载史册的《租借法案》随即草拟完毕，并提交国会。之后，我向议会盛赞，称其"在任何国家的历史上都是最为光明磊落的法案"。法案一经国会通过就立即改变了整个战局。通过协议，我们能够自由地根据自己的需要，来制订各方面的长期计划。法案不仅没有规定偿付的条款，甚至连以美元或英镑计算的正式账目也没提及。伟大的共和国之所以借出或者租借给我们所需的一切，原因在于：我们能否持续抵抗希特勒的暴政，关系到它的切身利益。依照罗斯福总统的说法，今后决定美国武器去向的，将是美国的国防而不是美元。

* 　* 　*

此刻正是洛西恩政治生涯中最为重要的时期，而他却溘然长逝。回到华盛顿之后不久，他的身体状况急转直下，从此一病不起。但他仍然鞠躬尽瘁，直至生命结束。就在 12 月 12 日大功告成之时，他却与世长辞。洛西恩的离去，对于英国，乃至整个正义事业，都是一大损失。大西洋两岸的各界人士，都为其哀悼不已。这一噩耗，令我十分震惊，因为就在两个星期之前，我们还曾促膝密谈。怀着对其生前功绩的莫大敬意，在下议院召开会议时，我向他致辞悼念。

*　　　*　　　*

　　洛西恩的离去，让我不得不立即选出继任者。就目前的英美关系来看，我们需要一位在本国享有盛誉并对世界政治谙熟于心的政治家担此重任。获悉总统同意我所提议的人选之后，我邀请了劳合·乔治先生出任该职。7月时，他参加了战时内阁，并在英国政界不胜得意。关于战争及导致战争的事件，他与我看法不一。但毫无疑问，他是我国公民的领导者。他那无与伦比的天赋及阅历将会助他一臂之力，取得成功。在内阁办公室里，我与他进行了一次长谈，次日午餐时又谈了一次，他对自己能受到邀请表示了由衷的喜悦。他说道："我告诉我的朋友说，首相要我担任一个非常光荣的职务。"他深知自己已经77岁，年事已高，不应再承担任劳心费力的事。与他长谈后我发现，自我请他参加战时内阁至今的这几个月里，他已苍老许多。无奈之下，我便毅然放弃了自己的决定。

　　随后，我便想到了哈利法克斯勋爵。他在保守党内赫赫有名，更因目前正担任外交大臣而声名大噪。由外交大臣出任大使这一独特之举，足见此次使命的重要性。哈利法克斯勋爵高尚的品格受到众人尊敬，但另一方面，他在战前那几年中的所作所为，以及事态的演变，也使他遭到了全国联合政府中工党方面的非难，甚至是敌视。我知道他本人也清楚这一情形。

　　当我向勋爵提议此事，他以简单而庄严的方式表达了"哪里最需要我，我便到哪里去"这一信念。为进一步强调他的职责的重要性，我做出安排，无论他何时离美回国，他都将继续担任战时内阁成员。这一安排之所以未受到丝毫阻碍，应得益于哈利法克斯勋爵的人格与阅历。在随后的六年里，哈利法克斯在担任驻美大使期间恪尽职守，成绩斐然，影响深远。

　　对于哈利法克斯勋爵这一人选，罗斯福总统、赫尔先生以及华盛

顿的高层人士都非常满意。的确，我明显看出，相比第一次，总统更加青睐我此次提议的人选。美国和英国国内都非常赞同指派这样一位新大使，因为从各个方面考虑，哈利法克斯勋爵都是胜任并适合当前局面的不二人选。

* * *

我不曾迟疑由谁来填补外交部的空缺。正如本书所叙述的那样，在过去的四年中，我在所有重大事务的处理上都与安东尼·艾登步调一致。1938 年春天，当他与张伯伦先生分道扬镳时，我曾表达过自己焦虑与不安的心情。在表决慕尼黑协定时，我们一同弃权，在那年凄惨的冬天，我们一起反抗保守党在我们选区里对我们施加的压力。自战争爆发以来，我们的思想与情感是一致的，并随着战争的进程而渐渐结为同僚。艾登公职生活的绝大部分时间都致力于外交事务的研究。他任外交大臣时，曾取得突出成就，但却在 42 岁时让贤。究其缘由，如今看来，各党派都对其赞许有加。在今年这动荡不安的一年中，他作为陆军大臣，在战争中发挥了重要作用。他所采取的军事行动，也让我们之间的关系愈发紧密。在接二连三出现的实际问题上，我们往往不谋而合。我曾期盼首相和外交大臣关系密切，和谐共处。而我的这一期望也在随后的四年半里我们所面临的战争和政策制定中，切实得以实现。尽管艾登痴迷于陆军部紧张与激动的工作，但他还是遗憾地离开了，像重归故里般地回到了外交部。

* * *

我向英王陛下提出，由戴维·马杰森上尉来补艾登先生陆军大臣的遗缺；他时任全国联合政府的总督导员。这一提议引起了一些非议。马杰森曾任下议院执政党督导员办公厅主任近十年之久，所以他要负责领导和鼓舞保守党中顽固的多数派，而他们曾长期支持鲍德温和张伯伦的内阁。在印度法案上，我作为保守党反对派的主要人物，曾与他多次争辩，言辞激烈。在离职后的十一年里，我同他的接触也不少，但总是针锋相对。在我看来：他能力卓越，对上司忠心耿耿，尽忠竭力，对对手开诚布公，以诚相待。工党和自由党的督导员也持相同看法，而这种声誉对担任这种特殊职务的人来说必不可少。当我出任首相时，大家都认为，我应该另选他人担任这一职务，但我深信，马杰森将像对他的前任上司一样尽心竭力为我效劳；在这一点上他丝毫没有让我失望。他曾经在第一次世界大战中服役，饱经锤炼，当过团长，立过战功，得过十字勋章。因此，他既具有丰富的军人经历，又对下议院的事务了如指掌。

　　我又指派詹姆斯·斯图尔特上尉代替马杰森的职位，虽与他也有过多次争执，但我十分尊重他的为人。

＊　　＊　　＊

　　从 1940 年 11 月到 1941 年 3 月租借法案通过的这段时间内，美元极度紧缩。我们的盟友向我们提出许多权宜之计。为满足我们的订单，美国建立了数座军火工厂，美国政府将它们全部收购了。他们把这些工厂纳入美国防务计划之内，但嘱咐我们尽管使用。美国国防部定购了一批并非他们所急需的军需品，以便制成之后转让给我们。另一方面，美国也做了几件在我们看来颇为残忍的事，使英国雪上加霜。美国总统派了一艘军舰到开普敦，要把我们储存在那里的黄金全数运走。在美国政府的要求下，我们把英国在美国的大企业——科陶尔股份公司以相对而言较低的价格卖掉了，又以市场价买回，并无半点盈利。我觉得美国之所以采取这些措施，是为了强调我们的艰难处境，并煽动人们去抵制那些反对租借法案的人。无论如何，我们总算渡过了难关。

　　12 月 30 日，总统通过广播发表了"炉边谈话"，劝告国人拥护他的政策。"危险就在眼前，我们必须防患于未然。但是我们深知，我们

不能蒙头大睡，逃避危险……大不列颠一旦倒下，我们整个美洲的人民将生活在枪口之下，枪膛里装满了子弹，一旦触发，势必对我国经济与军事造成重创。我们必须不惜一切，竭尽全力生产武器和舰艇……我们必须成为民主国家的超级兵工厂。"

前海军人员致罗斯福总统：

　　我们衷心感激您昨天发表的谈话。您在讲话中提及的援助我们的计划概况让我们倍感高兴。没有您的支援我们就无法在欧洲和亚洲根除希特勒主义。我们当然也知道您为什么不详细说明如何实现您的提案。但有些事情也使我焦虑不安。

　　首先，派军舰到开普敦去起运黄金，这可能会将我们置于尴尬的境地。因为这件事肯定会被人知道，这将使英国及各自治领群情鼎沸、舆论哗然，也会被敌人抓住把柄，说您派人拿走了我们的最后一点储备。如果您认为势在必行，那么，我们便下令，把开普敦的黄金装船起运。但不到万不得已之时，我们可以另寻他法。比如说，我们能否采取一项技术措施，用南非的黄金调换渥太华的黄金，并设法把渥太华的黄金运到纽约？我们必须立即得到回复，因为那艘船已在途中。

　　其次，我们不知道国会何时能通过您的提案，如果时间拖延下去，我们如何订购军火并付清款项。总统先生，请您记住，我们不知您有何想法，确切来说是不知道美国究竟作何打算，而我们正在为我们的生存而战。如果我们不得不拖欠承包商的债款（他们还要支付他们的工人工资），那将对世界格局产生什么影响呢？这岂不被敌人利用，说英国和美国的合作已完全崩溃了？几个星期的延期也许就会给我们带来这样的后果。

　　最后，除了中间这段时期以外，当国会批准了您的计划以后，还有许多有关该计划适用范围的问题。现有的订货在

全部交清之前，应付出的大批款项如何处理？对这些订货预先支付的巨额款项已花光了我们的财产。我们还需要各种各样的美国商品，并不一定是武器——比如说，还需要原料和汽油。加拿大和其他自治领，希腊和一些流亡的盟国政府，都迫切需要美元来维持他们的战斗。我并不需要马上知道，您将如何解决这些后续问题。就我们而言，我们愿意向您公开我们在世界各处的所有资产和债务，而且除了为公共事业所需要的帮助以外，我们别无他求。我们当然希望，您准备用来武装你们自己的力量，将强大到足以应付这些重大的问题，经得住一切适当的考验。

弗雷德里克·菲利普斯勋爵正在和财政部部长摩根索先生商议这些问题，他将会说明我们在全世界各地所承担的战争义务，我们不要求你们对此给予直接帮助，但我们需要财政支持，需要黄金和美元，荷兰和比利时的黄金同样可行，届时我们有义务以硬币偿还。

昨晚，敌人烧毁了大半个伦敦市，伦敦以及各郡城市遭到破坏的景象，令人触目惊心；可今天我去查看那些仍在燃烧的废墟的时候，伦敦居民依然斗志昂扬，浴血奋战，就像四个月前敌人刚开始不分青红皂白地轰炸的那段日子一样。

感谢您对全世界所作出的声明：支持并有效武装英国坚强不屈的精神，这与美利坚合众国未来的繁荣与稳定密切相关。

在暴风雨即将来临的新的一年里，我衷心祝您一切顺利。

1940 年 12 月 31 日

第六章

SIX

德苏关系

希特勒转而向东方进军——斯大林试图安抚德国——苏联的错误估计——莫洛托夫访问柏林——苏联和纳粹的谈判——瓜分大英帝国的计划——对英国的二次空袭——在防空洞内的一次会谈——"巴巴罗萨"作战计划

希特勒征服英国的愿望破灭，原因很显然：其一，岛国人民不会轻易认输；其二，没有制空权和制海权，德军几乎不可能抵达海峡对岸；其三，寒冬伴着暴风雪逐渐临近。总之，德国想通过轰炸来恐吓不列颠民族或粉碎其作战能力和作战意志，业已失败。况且，这种闪电战消耗极大，要想恢复"海狮"计划，不得不耽误数月。而每过一周，英军便有更多时间备战，作战能力也日渐增长，想成功拿下目标，德军又不得不扩大"海狮"计划的规模，军事运输就更成问题。截至1941年四五月份，德国已动用七十五万装备齐全的精兵，却仍旧杯水车薪。即便有援军，能不能找到跨海作战必需的战舰、驳船和登陆艇还是个问题，加上英国愈发增强的空袭能力，他们又该如何安全集结呢？目前，得益于英美后方鼎力支持，以及以加拿大为中心的飞行员培训计划，英国空军已在质量上取胜，或许一年之后，便可在数量上也赶超德国空军。为什么希特勒会马上将注意力转移到东方呢？我们大可不必诧异，那时他已察觉戈林的希望和牛皮是靠不住的。遥想1804年拿破仑攻打西海岸，几度犹豫，直到确定东面已无后顾之忧，才敢继续进军。希特勒在当时，也必然想着先不惜一切代价解决东面的问题，与苏联把条件谈拢，然后再集中精力攻打远在西海岸的英国。二人面临同样的压力，有着同样不愿腹背受敌的想法，就像当时拿破仑率军从布洛涅到乌尔姆、奥斯特利茨和弗里德兰等地作战一样，希特勒不得不暂时压住拿下英国的欲望和需要。即便最终只能以半途而废收场。

毫无疑问，他在1940年9月底就已做出定夺。从那时起，即便对英国空袭的飞机数量大体上仍在增长，但无论是在希特勒个人的打算还是德国整体的计划中，都已不占首位了，充其量可作为其他计划很好的掩护，不大可能为德国取得决定性的胜利。向东面进攻吧！仅从军事角度看，我个人不反对德国在1941年春夏对英国的入侵，毕竟一个国家既然敢侵犯别人，那就得承担有可能惨败的风险。当然，我也并不因此就期待这场侵略战争。在战争中，你不反对的事，敌人往往也不做。另外，长期作战不容易，我感谢上天，战争形势在一两年后开始对我方有利，且有强大的盟国支持，我们无辜的民众终于能从战争的苦海中逃脱。回顾我在这一时期写过的稿件，那时我怎么也没想到德国会在1941年入侵英国。幸而一年不到，就有国家对我们伸出援手，而且世界四分之三的国家都站在我们这一边，英国不再孤立无援。发生了这么多惊心动魄的事，这一年注定让世界难忘。

不明真相的欧洲和外界人士还以为我们要么希望殆尽，要么前路未卜，殊不知，纳粹德国早已对占领英国不抱希望，与苏联搞好关系才是其首要事务。一旦世人明白英国绝不像法国和其他低地国家那样容易屈服，苏德之间的"友好"关系的实质也就昭然若揭了。平心而论，斯大林是尽全力想成为希特勒的忠实伙伴，一方面，他在国内尽可能地聚集苏联民众的力量；另一方面，德国每次打胜仗，他和莫洛托夫总会毕恭毕敬地表示祝贺；同时源源不断地往德国运送粮食和战时必需的原材料；甚至派第五纵队的人员来极力扰乱我们的工厂；还在广播中对我们倍加诬蔑和诽谤。苏联跟纳粹德国有很多重要的问题没有解决，他们做好了准备，欢迎德国在任意时间就这些问题跟他们达成永久性协议，同时盼着英国被彻底消灭，毫无同情心。可自始至终，他们都明白这种方针可能不会成功，他们当然没有蠢到把自身利益建立在德国利益的基础之上，反复考量后，他们打定主意利用各种

办法争取时间。

当然，就芬兰和罗马尼亚问题，双方意见是不一致的。苏联领袖震惊于法国沦陷和第二战场的结束，旋即呼吁重开这个战场。满以为西线会出现双方长期僵持消耗的局面，不料竟突然瓦解。即便德国西线受挫，在不确定英国最终是否会被消灭或举手投降时，苏联也不能轻举妄动，放弃或改变与德国的合作政策。克里姆林宫逐渐认识到，英国的确有能力在一场持久的战争中撑下来。而在此期间，美国和日本方面随时会有情况发生，斯大林越发意识到苏联面临的危险，也尽全力在争取时间。其实我们不难发现，他为同纳粹德国保持友好关系，做了大量牺牲，冒了大量风险。然而对于即将临头的大难，他竟令人吃惊地表现得愚昧无知，做出了许多错误决定。从 1940 年 9 月到 1941 年 6 月希特勒发动进攻为止，斯大林真是冷酷、狡诈又不可避免地孤陋寡闻。

*　　*　　*

大致情况交代完，我们不妨来说说 1940 年 11 月 12 日莫洛托夫访问柏林时的小插曲。作为布尔什维克的使者，他在纳粹德国心脏地区听到了各种恭维的话，受到了极为隆重的款待。在接下来的两天中，莫洛托夫与里宾特洛甫及希特勒进行了紧张而艰难的长谈，就许多议题交换了意见。1948 年初，美国对二战缴获文件进行选编，集成《纳粹—苏联关系，1939—1941 年》，要想充分了解此次会谈的经过，则必须引用其中的一些内容。

莫洛托夫与里宾特洛甫第一次会谈。

德国外长称，他在致斯大林的信中已表明：德国坚信世上没有任何力量能改变大英帝国即将覆灭的事实。英国已被打败，认输只是时间问题，相信我们用不了多久就会看到，因为在英国，形势正日渐恶化。德国无疑也希望尽快结束战

斗，任何情况下，它都不愿有更多不必要的流血。即便英国不打算在近期投降，也必然会在来年找德国求和。德国正夜以继日地对英国进行持续轰炸，潜艇方面也已蓄势待发，一旦时机成熟，将给英国带来重创。德国相信，迫于这些袭击，英国很有可能会放弃斗争。英国本土显然已开始不安，看来问题就得这么解决。目前受气候条件限制，德军并未进行大规模攻击，假使按以往攻击规模还不能使英国屈服，一旦气候条件许可，德国必将展开一次大规模进攻，从而彻底摧毁英国。

无论有没有美国的支持，英国都注定从一开始就无法完成在欧洲登陆或采取军事行动的计划。英国人还没醒悟过来，这根本不是军事问题。英国国内很明显还存在着某种程度的混乱，全因这个国家是由丘吉尔领导的，他在政治和军事上完全是个外行。且在当领导人之前，他做任何事总会在关键时刻失败，这次也不例外地给英国带来灾难。

再者说，在欧洲轴心国在军事和政治上有着压倒性的优势。法国战败后也不得不付出相应代价。法国人算是认输了，他们甚至也接受了这样的原则：法国将来绝不支持英国和堂·吉诃德式的非洲征服者戴高乐。我们有着异常强大的实力，轴心国此刻更多考虑的，不是该如何打赢这场战争，而是如何迅速为已经打赢的战争收场。

1940 年 11 月 12 日

* 　 * 　 *

午宴结束，希特勒接见了这位苏联使者，并再次扬言要让英国完败。他表明，战争会出现许多意料不到的复杂情况，他们不得不随时根据战况调整军事政策。

接着，希特勒向莫洛托夫概述了到目前为止的军事行动的进程，表示正是目前的行动，让英国在欧洲大陆上已无盟国……英国的报复手段着实荒谬，不信的话，苏联的先生们可以亲眼见证，所谓让德国覆灭的计划完全就是在痴人说梦。一旦天气好转，能见度提高，德国将对英国进行最为沉重的打击。德国目前不仅要为最后一击进行军事部署，同时要明确摊牌前后重要政治问题的立场。因此，他重新审视苏德关系，目的在于对其进行积极调整，尽可能地使友好关系长久下去，此间得出以下几点结论：

1. 德国无意向苏联寻求军事援助。

2. 由于战事蔓延范围极广，德国为对付英国才被迫在远离本国的地方作战。无论在政治上或经济上，德国对这些地方都根本不感兴趣。

3. 虽然如此，德国也有自己的需求，这些需求对德国而言极为重要，但也只是战时所需。这些需求包括某些原料的产地，德国认为对这些地方的掌控，是极为重要而不可或缺的。

* * *

而对这一切，莫洛托夫只是含糊其辞，随意附和了一下。

莫洛托夫就《三国公约》提出许多问题：欧亚新秩序意味着什么？在这个新秩序中，苏联需要扮演什么角色？这些问题，不论是在柏林会谈还是德国外长计划近期展开的莫斯科之旅中，都必须加以讨论。苏联必定也是期望外长访问成行。另外，关于苏联在巴尔干半岛和黑海的利益，关于保加利亚、罗马尼亚和土耳其，也有些问题需要阐明。如果以上各项问题能得到合理的解释，对于元首的提问，苏联政府或许能够给出更加明确的答复。苏联对欧洲的新秩序很感兴趣，尤其是新秩序的建立进程和表现形式，而所谓的大东亚圈包括哪些地区，它同样很好奇。

希特勒回复如下：当然要根据欧洲国家的利益来调整欧洲格局，因此，德国现在也希望苏联能透露自己感兴趣的地区。在任何情况下，没有苏联的合作，轴心国都不能擅自决定。这一原则不仅在欧洲适用，在亚洲也同样适用。所谓大东亚圈，也需要苏联来共同划定，并提出对划定区的相应要求。德国在这方面的任务就是担任调停人。苏联将参与确定所有的既成事实。

当希特勒着手联合以上大国力量时，他认为最困难的倒不是德苏关系，而是德法意三国合作的问题。此刻他明白，与苏联进行磋商，或许能解决关于黑海、巴尔干半岛和土耳其难题。

会谈结束时，希特勒总结道，这次会谈在一定程度上是双方开展广泛合作的第一步。双方在会谈中，充分考虑西欧的情况，强调该区域的问题要由德意法三国共同解决；同理，远东地区的事务，主要由苏联和日本来决定，但也少不了德国作为调停方参与。这样做其实也是阻止美国借战争契机"在欧洲发横财"，要知道美国原来根本没机会插足他们在欧洲、非洲及亚洲的生意。

莫洛托夫表示，他同意元首关于英美地位的说法。他认为，只要苏联能以伙伴而不仅是目标的角色参与《三国公约》的制定，那么原则上，苏联是完全可以接受的。从现实角度看，苏联参与轴心国的共同事业困难不大。但公约制定的目的和意义，尤其是对大东亚圈的划定，必须首先予以更明确的规定。至此，第一次会谈结束。

*　*　*

同年 11 月 13 日，会谈恢复。

莫洛托夫提到立陶宛那条狭长地带的领土争端，并强调苏联目前尚未得到德国的明确回复，而这一问题，显然是需要尽快解决的。他也承认，关于布科维纳牵扯到另一块领土，一块在秘密协定中并未明确的土地。苏联最初的要求仅限于布科维纳北部地区，不过就目前的情形来看，德国应当了解苏联对布科维纳南部地区的兴趣。当然，就这一问题，苏联也没得到答复。正好相反，德国不顾苏联对布科维纳的期待，承诺让罗马尼亚保持领土完整。

希特勒回复道，对德国而言，哪怕只让苏联占领布科维纳的一小部分，也是很大的让步……

然而，莫洛托夫仍坚持此前的要求，并补充道，苏联希望重新划分的部分都是无足轻重的。

希特勒答复道，如果德苏合作要在将来产生实际的结果，苏联政府必须对他们予以理解，德国正从事的是一场生死攸关的战争，无论如何都要保证胜利。双方已在原则上同意芬兰归苏联所有。与其在此继续理论上的讨论，不如转入更重要的问题。

此前，大英帝国在全球占有土地四千万平方公里，仅由四千五百多万英国本土人统治着帝国六亿居民。被征服后，庞大的帝国破产了，财产也被各国瓜分。苏联可分到连接大洋和内海的不冻港，美国也将加入摧毁它的行列，意图从中捞几分渔利，而德国则旨在大英帝国的心脏地带。在对其进行进攻时，当然要避免参与到其他分散力量的冲突。这也是为何他（元首）不喜欢意大利对希腊发动的战争，因为这样他就得分散精力支援意军，从而无法专注西线战场。在波罗的海发动战争也是一样。德国坚信，一旦挫败英伦三岛，便可使帝国趋于瓦解，因而对它的战争将进行到底。没了英伦三岛，若想仅靠加拿大让帝国东山再起，几乎是不可能的。在这种情况下，他们要有全球化视野。接下来的几周中，这些问题都要在德苏外交谈判中解决，并作出让苏联也能参与其中的安排。不论是德国、法国、意大利，还是苏联和日本，一切对瓜分大英帝国财产有兴趣的国家，都会摒弃前嫌，专心考虑具体瓜分问题。

莫洛托夫回复道，他对元首的观点表示很有兴趣，同时对他能理解的每一件事表示同意。

＊　　＊　　＊

接着，希特勒就去休息了。苏联大使刚用过晚餐，英国空军发动了对柏林的空袭。站在英国的角度，我们事先就听说过这次会谈，因而即便未被邀请，也不愿完全置身事外，至少要制造点恐慌。而警报拉响后，两位外长躲到防空洞继续会谈，直到半夜。据德国官方记载：

> 由于空袭警报，两位部长于 21 时 40 分前往防空洞，以便进行最后的会谈……
>
> 里宾特洛甫说，时机尚未成熟，不宜讨论波兰新秩序的问题。他继续表示，巴尔干问题已经详细探讨过了，德国在巴尔干只有经济利益，不愿英国往那儿插一脚。另外，德国向罗马尼亚提出保证这件事，显然是莫斯科政府误会了……德国政府的一切决策，都旨在保证巴尔干地区的和平，同时阻止英国插手当地事务，干预德国的物资运输。换句话说，德国在巴尔干的行动，是对英作战的要求使然，只要英国认输求和，德国在罗马尼亚的利益就仅限于经济方面，德军也

会撤出罗马尼亚。正如元首一再强调的，德国无意巴尔干各国领土，他也一再说明，德国在该地的关键问题是：在消灭英帝国的伟大事业中，苏联是否已准备好或者能否同德国合作。如果双方能扩大合作，协商划分势力范围，那么对于其他问题，就很容易达成谅解。关于势力范围的划分，已经再三谈过了。因此，正如希特勒已明确表明的观点，为了苏德共同利益，要求共事伙伴要相互依靠而不是相互对立，以便在实现彼此愿望的过程中相互支持。

莫洛托夫在回复中说，德国声称对英战争实际上已经胜利，但同时又说德国在对英进行生死存亡的斗争。他只能这样理解：德国是为"生存"而战，英国是为"死亡"而战。他十分同意双方进行合作，但同时补充道，合作必须基于双方彻底的谅解。斯大林也曾在信中表示过同样的观点。同时，势力范围的划分也必须解决。当然，就这方面他并不完全确定，因为他不知道斯大林和其他国内力量的意见。不过他必须申明，要解决悬而未决的事情，必须把手头问题解决好，同时严格执行现行协定。

至此，会谈结束，莫洛托夫向德国外长亲切告别，他强调，这次空袭并未影响会谈效果，并且多亏有空袭，会谈才能进行得如此顺利。

*　　*　　*

记得1942年8月，我第一次访问莫斯科，并从斯大林口中听到了关于这次会谈的简短说明。内容同德国官方的记录无差别，不过更简要罢了。

斯大林说："不久以前，大家都埋怨莫洛托夫过分亲德。而现在，每个人又说他过分亲英。但其实，我们谁也没相信过德国人。对于苏联来说，这是生死存亡的问题。"我打断他的话，英国也有类似经历，

我们又何尝不能体会他们的感受呢？斯大林继续说："莫洛托夫 1940 年 11 月前往德国会见里宾特洛甫时，你们有所耳闻，并派了战机前去空袭，对吧？"我点了点头。"当警报拉响的时候，里宾特洛甫带着莫洛托夫，往下走了许多层，最后到达一间装饰华丽的防空洞。前脚踏进门，后脚空袭就开始了。他把门关起来，对莫洛托夫说：'现在这儿只有你我二人，为何不干脆划分一下呢？'莫洛托夫说：'英国的意见不需要考虑吗？'里宾特洛甫说：'英国的时代结束了，它不能发挥大国作用了。'莫洛托夫说：'如果真的结束了，我们为何要来这个防空洞？是谁在扔炸弹呢？'"

＊　　＊　　＊

　　事实上，柏林会谈丝毫未影响希特勒内心深处的决定。10 月，凯特尔、约德尔及德国总参谋部的其他官员根据他的命令拟订计划，把德国军队向东调，以便 1941 年初对苏联发起进攻。受天气影响，这一阶段还没必要规定正式的日期。考虑到越过边境后仍有大段路程，且必须在入冬前攻下莫斯科，5 月初显然是最佳时间。而且，从波罗的海到黑海长达两千英里，要在沿路集结部署德国军队，同时准备好所有的兵站、营房，所有任务都前所未有的艰巨。无论计划和行动都不容半分延误，不仅如此，所有行动都要保密，让敌人蒙在鼓里。

　　为达到目的，希特勒采取两种不同手段进行掩护，两种手段都各有所长。第一种是声称要在瓜分大英帝国远东殖民地的基础上进行共同政策的详细谈判；第二种是通过匈牙利，不断向罗马尼亚、保加利亚和希腊增派军队，以便对其进行控制。这在军事上对德国是有利的，同时可以作为掩护，在战线南部集结军队，进行针对苏联的部署。

　　谈判以德国提出草案的方式进行，邀请苏联参与《三国公约》的制定，把英国在东方的权益给予苏联。若斯大林接受提案内容，或许事态会在一定时间内朝着不同方向发展，希特勒也随时有可能延缓对苏联的入侵计划。欧洲大陆这两个拥有百万兵力的大国结为同盟，他

们到底会怎样划分在巴尔干半岛、土耳其、波斯和中东的权益呢？更有甚者，会尝试将印度据为己有。另外还有他们那狂热的伙伴日本所倡导的"大东亚计划"，又将导致怎样的后果，真是难以设想。但希特勒一心要摧毁布尔什维克，对苏联人他算是恨之入骨了。从柏林会谈以及其他的接触中，他必然已经看出，他让里宾特洛甫送交莫斯科的提案远远不能满足苏联的野心。他相信自己可以实现计划，在此之后，一切就都归他所有了。

在缴获的信件中，有一份德国外交部致其驻苏联大使馆未标明日期的《四国公约》草案。传闻舒伦堡曾于1940年11月26日与莫洛托夫进行会谈，这份草案显然是二人会谈的基础。据草案协定，德、意、日三国同意尊重彼此的天然势力范围。如若遇到冲突，彼此将以友好的方式进行磋商。

德、意、日三国共同宣布，三国承认并尊重苏联目前的势力范围。

四国绝不参与或助长针对四国任意一方的联盟。四国将在经济上通力协作，并扩大彼此现有的合作。协定有效期为十年。

另外，四国还签订了秘密协定。德国在其中声明，德国的领土愿望不仅限于《四国公约》中欧洲大陆的领土，还包括中非等区域的领土；意大利声明，除重新划分的欧洲领土之外，其领土愿望集中于北非和东北非地区；日本声明，其领土愿望集中于日本帝国本土以南的东亚地区；苏联声明，其领土愿望集中于苏联国土以南通向印度洋的地区。

四国声明，除特殊问题尚待解决外，四国都将尊重彼此的领土愿望，事后将不反对彼此在各自愿望领土上的权益。

*　　　*　　　*

不出所料，苏联政府没有接受德国的方案。在欧洲，他们得单独和德国周旋，在世界另一边，他们又受到来自日本的强大压力。尽管形势严峻，他们对自己逐渐增长的力量还是颇有信心，毕竟仅是苏联的领土面积就占地球表面的六分之一，因而在协商期间，他们一再强硬地讨价还价。1940 年 11 月 26 日，舒伦堡将苏联的反建议草案送到柏林。在这份反建议中，苏联提出：德军应立即撤离芬兰，因为根据 1939 年的条约，芬兰属于苏联的势力范围；在接下来的几个月内，为保证苏联在博斯普鲁斯海峡和达达尼尔海峡的安全，考虑到保加利亚正位于苏联黑海疆界安全区以内，苏联将与其缔结互助条约，旨在以长期租借的方式，在海峡区域建立陆海军基地；承认巴统和巴库以南凡是通往波斯湾的地区为苏联的势力范围；日本应放弃其在北萨哈林岛（库页岛）的煤和石油权益。

希特勒没有给出明确答复，他根本无意再与苏联周旋调和。像这样严重的问题，本来是需要双方持久友好地研究和协商的。苏联一边继续等待答复，一边向边境增军，而希特勒的右手已经伸向巴尔干半岛了。

* * *

10 月份拟订的进攻苏联计划，目前已十分成熟。1940 年 12 月 18 日，希特勒从司令部发出了对其有历史意义的第二十一号指令。

"巴巴罗萨"作战计划

德国必须做好充分的作战准备，以便迅速击垮苏联，甚至比击垮英国还要早。

为此，德军必须调集一切可调集的兵力，但要保留一部分兵力保证占领区免受敌人突袭。

为保证东方陆上作战能迅速完成，同时为尽可能减少空袭损失，德国必须考虑如何把空军力量向东转移的问题。而且向东转移主要兵力意味着我方更多的人员将进入敌军空袭范围，这是危险的。另外还要派出一部分空军持续进攻英国，尤其是英国的补给线。

当东线在进行紧锣密鼓的备战时，海军主力仍应毫不动摇地攻击英国。

我决定在正式下令进攻苏联的前八周开始向东集中兵力。

备战耗时较长，最好现在就开始准备，即便现在没准备好，至少在1941年5月前要完成。

无论如何，进攻的意图不能泄露，这对我们来说至关重要。

请最高统帅部根据以下各项进行准备：

第一，总的目的：

装甲部队以小股穿插的方式深入敌军后方，再采取突袭的作战模式，力图摧毁苏联西部的庞大陆军，同时阻止拥有作战能力的敌军退入苏联辽阔的本土。

迅速展开追击，把敌军逼到一条尽可能远的防线上，从而使苏联空军无法再袭击德国的领土。这次行动的最终目的是：建立起一条从伏尔加河到阿尔汉格尔斯克的防线。如有必要，可命德国空军摧毁乌拉尔地区残存的工业区。

在我方持续打击下，苏联在波罗的海的舰队将很快失去后方基地，无法长期作战。

作战的第一步，应沉重打击苏联空军，使其失去有效战斗能力。

第二，潜在同盟伙伴及其任务：

1. 罗马尼亚与芬兰有望在两翼协助，与我军一同攻击苏联。

两国一旦参战，最高统帅部将在适当的时间确定三方协调作战计划。

2. 罗马尼亚的任务是：集结国内兵力，遏制敌人的行动，与此同时，在后方进行辅助工作。

3. 芬兰的任务是：掩护从挪威调来的德国北方集团军群，并与北方集团军群协同作战。与此同时，攻克汉戈也将

由芬兰完成。

瑞典的铁路和公路预计可以用来集结德国的北方集团军群。

第三，关于作战指示：

1. 陆军（我现在批准送来的计划）：

在作战区域中，以普里皮亚特沼泽为界，分为南北战区，主战区在北方，此处应准备两个集团军群。

南方作战前线应以强大的装甲部队和机械化部队包围华沙北部地区，负责歼灭在白俄罗斯的敌军……只有让苏联迅速失去抵抗能力，我们才能同时进攻两个目标……

部署在普里皮亚特沼泽以南的集团军群，应将其主力从卢布林派往基辅，以便利用强大的装甲部队，迅速插入敌军的侧翼和后方地区，然后沿第聂伯河，对敌军侧翼进行包围。

在右翼的德国—罗马尼亚联军将负责以下任务：

（1）保护罗马尼亚的领土，从而保护整个战区的南翼；

（2）南部集团军群在展开进攻时，应极力遏制敌军，并根据形势发展，联合空军乘胜追击，不让敌军安然撤过德涅斯特河；

（3）北方作战部队要迅速到达莫斯科。

占领这座城市意味着我方将在经济上和政治上取得决定性的胜利，此外，还意味着敌方最重要的铁路中心被攻克。

2. 空军

空军的任务是尽可能地击垮、歼灭苏联空军，同时在主要作战地点支援陆军，尤其是南部集团军群的中央和侧翼。苏联的铁路，应根据其对于作战的重要程度依次予以切断，或者大胆使用伞兵或空降部队，夺取其附近最重要的目标（河流渡口）。

为集中兵力对付敌方空军并支援我方陆军，空军不必袭击敌方军事工业基地。只有在完成陆空联合机动作战之后才

能考虑这样的袭击——主要目标为乌拉尔工业区……

第四，各军总司令根据这一指示发布的命令，应该清楚地表明，这些命令都是预防性措施，只有当苏联改变对我国的态度时才会启动。参加早期准备工作的军官人数应该尽量少，增补人员的计划应尽量推迟。否则，一旦准备情况被发现，而计划执行时间尚未明确，就会在政治上和军事上带来极为不利的危险。

第五，各军总司令需根据这一指示提出补充计划的报告。

武装部队各部门预计的准备工作，包括他们的进度在内，应通过最高统帅部向我报告。

阿道夫·希特勒

从这时起，1941年将要发生的重大事件的轮廓业已形成。当然，我们当时并不知道德苏两国之间为瓜分和毁灭英国而讨价还价的情形，也难以揣摩日本还未打定的主意。德国的陆军主力已经朝东方转移了，我们活跃的情报员却没有察觉。他们只发现了德国军队一步步转移到保加利亚和罗马尼亚，并在当地集结。要是我们当时知道本章所讲的这些情况的话，便能长长地松一口气了。德国、苏联和日本联合起来对付我们，是最让人害怕的事情。但是谁知道呢？此时，我们还是下定决心："打下去！"

附录（1）

首相的私人备忘录和电报

1940 年 10 月

首相致外交大臣：

可见，这位大使对美国参战所产生的影响产生了严重误解。我们必须立刻告诉他，美国参战，无论它是与德国、意大利还是日本作战，都完全符合英国的利益。在武器弹药方面，如果大英帝国与美国能结为战时同盟，那我们将战无不胜。如果日本进攻美国，而没有向我们宣战，我们就应马上与美国站在同一阵营，向日本宣战。

肯尼迪①坚持说，比起与英国并肩作战，美国还是保持中立比较好。而这种容易产生误解的废话竟然传播得这么广，真的让我十分震惊。我们应该对驻各国的大使发出明确指示。

1940 年 10 月 4 日

首相致陆军大臣：

……众所周知，中东地区需要飞机。而将飞机从这里调拨出去却并非易事。请谨记，我军在战斗机和轰炸机的数量上都远不如德军，而且我们在飞机生产方面也遭受了重大损失。我们应该请空军参谋长

————————

① 美国驻英大使。

和空军大臣提出明确建议。

1940 年 10 月 9 日

首相致戴高乐将军：

收到你的来电，我非常高兴，我谨向你和所有决心同我们并肩作战的法国人民致以最美好的祝愿。我们应该下定决心，团结一致，克服一切困难，共享胜利的果实。

1940 年 10 月 10 日

首相致伊斯梅将军，转参谋长委员会：

德军在沿海的远程大炮上使用雷达，这让人忧心不已。长期以来，我们一直在研究这种装置，而且几个星期以前，我还让大家注意这一点。那时就有人告诉我，因为有其他更为迫切的需要，所以雷达的研发不得不放在次要位置。或许此时应该将它放在首要位置。显然，从防御海上轰炸来看，它可使黑夜看起来像白天一样。

请考虑，能否在不危及其他无线电装置的制造计划的情况下，就这一问题提出一些建议。

1940 年 10 月 12 日

首相致帝国总参谋长：

另外，在西非海岸地区驻扎多支英国部队有许多弊端。鉴于局势已经发生了变化，请考虑利用返航的护航船队的空船从肯尼亚运回一个西非旅。但无论如何，都不能增加船队的负担。

1940 年 10 月 13 日

首相致詹姆斯·格里格爵士：

如果队员结婚后想要退伍的话，能否准许？本土防卫妇女服务队就这一问题展开了激烈的讨论。几乎所有人都对此表示赞成。如果禁止她们讨论，可能也于事无补。而且如果她们擅自离去的话，我们也无计可施。因此，只有最具权威的人才能阻止这件事。请向我提交一份单页的报告，记录她们对此问题的看法。

1940 年 10 月 13 日

首相致伊斯梅将军：

请拟一份两页纸的报告，对德国在其占领的国家发展军火工业，尤其是飞机工业的可能性以及这些邪恶力量何时可以显示出来进行说明。

1940 年 10 月 14 日

首相致海军大臣：

海军参谋部于 10 月 13 日向我提交了报告，我刚刚看完。如果你想将它送给各大臣传阅，我并无异议。当然，这份报告充满了悲观与不安的情绪，从海军部收到这样一份报告，令人十分沮丧。在该报告的第三节中有不少夸张的说法，它主张我们必须保持"全面控制每一片海域"，然而在大多数情况下，我们仅需要有效的通航能力即可。而第五节又说道："从现在（10 月 15 日）起，计算德国的实力必须将'提尔皮茨'号和'俾斯麦'号算进去。"这是不准确的，因为在我看来，"俾斯麦"号与"英王乔治五世"号一样也尚未完工。"英王乔治五世"号不久后便能竣工，或许会提前完工。我收到的所有报告都显示，"俾斯麦"号完工三个月后"提尔皮茨"号才能完工，而到那时，我们的"威尔士亲王"号和"伊丽莎白女王"号也有希望竣工。如果要将这样的报告提交给内阁，这对我来说是一个挑战。

整场争论都是为了让我们意识到：我们必须服从维希的意愿，因为他们完全有能力通过轰炸将我们赶出直布罗陀。我与海军参谋部的意见完全一致，我们都不愿在直布罗陀受到干扰。但我认为，如果我们加强封锁，法国人就不会对直布罗陀进行轰炸，更不用说向我们宣战了。当法国上下渐渐倒向我们阵营时，我不相信维希还有能力向我们发起战争。我已在关于总政策的备忘录中谈到了这一点，现在正供大家传阅。随后我便将与其相关的所有摘要寄给你。

报告中有一点可取之处，即建议我们奉劝维希政府，如果他们对直布罗陀进行轰炸，我们就会反击报复，比如，我们不会轰炸卡萨布兰卡，而是直接轰炸维希。另外，我还补充道，或者我们会去轰炸维希政府占领的其他地方。对维希卑躬屈膝，不一定就能阻止他们接受德国主人的命令而向我们宣战，而对他们采取强硬的态度，也不一定就会打消他们加入我方阵营的念头，这一点很正确，我们应该谨记于心。

这些并不是当务之急，因为我们还没有成功拦截"普利莫格"号。

1940 年 10 月 15 日

首相致空军参谋长：

我们的飞机安装了盲降设备吗？有多少飞机安装了这种设备？请务必指引它们安全着陆，就像战前指引民航机在雾中降落一样。请向我详细说明一切。昨晚的事态十分严重。

1940 年 10 月 18 日

首相致帝国总参谋长：

上星期，你告诉我你同意把一个装甲师给霍巴特少将，对此，我倍感欣慰。虽然我在某些方面对这位军官有成见，但这丝毫不影响我器重他。对于个性鲜明而又见解独到的人，人们往往会对他产生偏见。在这件事上，霍巴特将军的独到见解也悲催地验证了这一点。我们要把所有的创造发明都应用在战争中，可是总参谋部甚至连坦克的大致模型都没设计出来。一旦敌人窃取了这些成果，后果将不堪设想。因此，我们应该知道，霍巴特将军是一位具有远见卓识的军官，他对这件事了然于心。

上星期，我在给你的备忘录中说道，我希望你在当天，也就是星期二，向我提议霍巴特将军的任命。

　　我在发出这份备忘录时，已仔细阅读过你的来信以及对任命霍巴特将军的意见。我们现在处于交战状态，正在为了生存而战。对于陆军军官的任命，我们不能仅限于那些在个人生涯中别人没有给他提过反对意见的人。霍巴特将军有各种各样的优点和缺点，我们可以说或许正是这些品质成就了英国历史上多位伟大的司令官。马尔巴罗可以说是一位模范军人，深受士兵们的爱戴。克伦威尔、沃尔夫、克莱夫、戈登以及在各个领域活动的劳伦斯，他们身上都有许多可以被列为缺点的性格特征。但他们还有其他优良品质，我相信霍巴特将军也有。现在正是考验一个人魄力与远见的时候，万万不能按照传统的评选标准，将陆军军官人选仅限于那些绝对稳妥的人。

　　因此，对于一个星期前的提议，我希望你不要有顾虑，因为我相信你在这件事上的直觉敏锐可靠。

1940 年 10 月 19 日

首相致帝国总参谋长：

　　对于这项艰巨的行政任命（国民自卫军总监），难道没有更为年轻的人选吗？军中和外界都不同意将已退休的官员召回，让他们担此重任。为什么不找一个四十多岁的人，给他一个临时的官阶呢？

1940 年 10 月 19 日

首相致伊斯梅将军，转参谋长委员会：

　　根据我们对轻武器弹药产量的估计，以及 10 月份工厂开工后我们的处境又能大为改善，并预计在 1941 年 3 月 31 日以前能扩大生产；除非敌人入侵，不然我们在中东以外的地方不会有什么战事，而中东的战事规模也比较小；考虑到以上所有因素，我认为此时我们应多发放些弹药给国民自卫军总司令，以供他们军事演习之用。据我了解，国民自卫军总司令每周只有二百万发子弹用于演习，这严重影响了他们的训练。尽管将陆军部本就很少的库存悉数用尽似乎会有风险，但我认为能否考虑从 11 月 1 日起，将用于演习的弹药发放量增加一倍——每星期

四百万发。如果你能立即同参谋长进行商议，我将会十分高兴。

1940 年 10 月 19 日

首相致伊斯梅将军：

1. 海、陆、空三军的几位总司令将于何时召开最后一次会议？会议有重要意义吗？与会人员都有谁？

我很乐意在下星期前后主持一次这样的会议。

2. 关于如何将我们的战争政策更为全面地传达给各位高级将领，我希望你们能提交一份计划给我。

1940 年 10 月 20 日

首相致空军大臣及空军参谋长：

根据现行政策，从现在起到明年四五月期间，我们的轰炸机力量应有所扩大，但现在却反而大为减少，这让我忧心不已。显然，我们应该采取措施，增加这个时期的投弹能力。从当前的安排来看，我们可能在晚上有月光时进行轰炸最为妥当，而唯一的难题就是我们的轰炸机数量较少，而敌军的可轰炸目标较多。由于我们的轰炸机数量有限，所以除了准确轰炸延伸至德国的军事目标，我们决不能转移火力。但是我们能否组建一支二线小分队？这样一来，它们就能在月色晦暗的时候从安全的高空向附近德国建筑大量集中的地方投掷炸弹，这些地方有大量的军事目标。当然，这些地方肯定是指鲁尔。我们的目的是要找出那些易于辨识的目标，而且航程要短，又要安全。

在冬天的几个月里，如何对这种二线小分队或辅助型轰炸机部队进行编组？航校的受训人员可否偶尔出动？考虑到除敌人入侵外，陆军眼下参战的可能性不大，那在"桑德兰"式飞机或侦察机的驾驶员中，难道没有人能执行这种简单的轰炸吗？我要求你们竭尽全力，在对准确度没有特别要求的情况下，按我所说的用二线轰炸机部队对德国进行大规模轰炸。请给我一些妥善的建议，这样我们就能研究这些计划，看是否可行。

为什么我们配有盲降设备的轰炸机数量如此之少？飞机生产大臣告诉我，现在我们有许多洛伦兹射束装置可供使用。我们上星期损失严重这件事绝不能再重演。不仅轰炸机需要盲降设备（在民航机上已使用多年），而且如果在夜间作战的战斗机数量越来越多，那么这些战斗机也应该安装安全着陆装置。请告诉我你们的意见。

1940 年 10 月 20 日

首相致空军大臣及空军参谋长：

此时正在拟订不仅由个别适于截击的飞机也由配有八挺机枪的战斗机中队进行夜间作战的计划。我们要考虑，在我方战斗机进行战斗而我方高射炮须停止射击的空域内，我方高射炮是否可以放空炮。之所以会这么考虑，是因为：

1. 地面上的闪光扰乱敌人视听，使他们不易察觉我军战斗机随之而来的袭击，这是军事方面的原因；

2. 开炮会发出轰鸣声，可以掩盖我军战斗机的逼近；同时，也可避免居民意志消沉。仅为第二个目的就放空炮是不合法的，但是，如果是出于军事原因，就不会有人反对了。

1940 年 10 月 20 日

首相致帝国总参谋长：

波兰军队装备落后，这让我十分担心。事实证明，这支军队具有很强的作战能力。我计划于本周三对他们进行检阅。

请于星期一向我提出装备这支军队的最妥善的方法。不要使他们感到泄气，这才是我最关心的。

1940 年 10 月 20 日

（限即日行动）
首相致陆军大臣：

我们无法从"守卫政府机关的国民自卫军"那里收走钢盔。星期四晚，有四人在唐宁街上被炸死。白厅区也和其他地方一样，遭受了严重轰炸。在这种时候，钢盔一经发放，就很难从人们手中收回。听说陆军打算要三百万顶钢盔，这让我大为震惊。我怎么不知道我们竟有三百万之多的陆军士兵。关于正规军手中拥有的钢盔数目，请做出一份详细的统计表交给我，并在其中标出各个部门，比如，野战军或训练单位等，它们各有多少顶钢盔，以及还有多少库存……

1940 年 10 月 20 日

首相致帝国总参谋长及詹姆斯·格里格爵士：

在这份冗长的报告中，欧文将军讲述了他是怎么被带到弗里敦，又是怎么回来的，他还着重指出了他在作战时遇到的重重困难。他事先就料到了所有的困难以及准备中的各种不足。他也肯定全都知道，他之所以卷入了这场重大而又危险的战事，是由于政治原因而非军事原因。欧文将军对这场军事行动存在的不足与危险了如指掌，而海军未能成功阻止法国的巡洋舰和援军到达达喀尔，这也进一步加深了这些不足与危险。战时内阁和参谋长委员会再三考虑，认为目前情况有变，不能再按原计划进行。但将军却不顾他们的意见，执意坚持这一军事行动，这就更出人意料了。然而，对于他在与敌作战时出现的一切失误，以及全身心投入战事的所有表现，我们应该宽容地进行评价。在奉命统率这支远征军之前，欧文将军也曾出色地指挥过一个师，既然他已经回来了，就没有理由不让他官复原职。但是，如果他有以下想法：1. 在战争中，没有经过长期的准备，不能发起任何行动——在这一点上，我们曾看到仅二十五个法国人就攻占了喀麦隆人驻守的杜阿拉。2. 无论如何，船只都战胜不了炮台，那他就错了。如果在大雾突至达喀尔的情况下，第二个想法也许是对的；但是，如果舰艇在炮台射程范围以外的距离攻击炮台，或者炮台的炮手对于进攻的部队非常恐惧，束手无策，或是手下留情的话，那就不一定了。

1940 年 10 月 21 日

首相致殖民地事务大臣（劳埃德勋爵）：

　　对于你这封关于非洲及其在当前战争中的战略和政治危机信件，我在研究时恐怕多费了点时间。我反对成立特别委员会，因为我们会因委员会过多而烦恼不已，就像澳大利亚对兔子泛滥无计可施一样。我觉得我们没必要去假设我们将与维希法国或德国交战，或去设想南非局势日益恶化的情况。我相信，凭你的军事经验和政治才能，你一定能选出自己需要的殖民部官员，而且也能自行准备你认为应该送交国防委员会或战时内阁的所有报告。如果你觉得有必要成立委员会，我建议将你提出的事项移交给内阁中东委员会办理，作为他们现在工作内容的一个补充。

　　附言：我准备将一个西非旅从肯尼亚调回西海岸。

1940 年 10 月 21 日

（限即日行动）

首相致新闻大臣及亚历山大·卡多根爵士：

　　沃尔特·西特林爵士将前往美国代表英国职工大会与美国的工会进行洽谈。他品格出众，影响力很大，还是一名枢密院顾问。我们应当给予他外交官的身份，以便他展开工作。虽然说完全属于工会事务的所有费用都要由英国职工大会负担，但是在我看来，凡是与国家利益相关的工作，其费用都应由新闻部支付。希望新闻大臣研究一下，看看如何处理。不管怎样，我们都要特别尊重沃尔特爵士，我们完全能够相信他的忠诚与谨慎。

1940 年 10 月 24 日

1940 年 11 月

首相致空军参谋长：

　　我方能够执行轰炸任务的飞行员共计五百二十名，然而能供使用的飞机却仅为五百零七架。我们储存有大批飞机待用，不去提取，这又是为何？

1940 年 11 月 1 日

首相致空军大臣：

请从人数、年龄、训练情况等方面入手，就 7 月 1 日以来被俘的德国飞行员加以分析，向我呈交一份报告，内容不要超过两页，轰炸机与战斗机的俘虏要分别开列。如果还有关于他们的其他情报也请一并告知。

1940 年 11 月 1 日

首相致第一海务大臣：

我怀疑那艘袖珍战列舰是不是驶到洛里昂了，空军要想办法尽快去那里拦截，而且现在就应该通知空军。要是该舰驶往了洛里昂，那么进入港湾，就有可能被你俘获，出入洛里昂港的航道只有一条，它停靠在港湾内会被轰炸，驶出港湾会被你俘获。如果该舰去了基尔，那就大为不同了，能从赫尔戈兰湾或者斯卡格拉克海峡通过，也可以神不知鬼不觉地驶过挪威走廊到达特隆赫姆。我宁愿它是去了洛里昂而不是逃往南方，或者出没于大西洋航线上，抑或是回到冰岛。

如果该船继续威胁贸易，就要设法和它交战。

经过更进一步的考虑后，我认同你的说法，两艘重型战舰最好留在北方。

以上意见仅供参考。

1940 年 11 月 6 日

首相致帝国总参谋长：

你曾对我强调过，任命一个极出色人物统率国民自卫军非常重要，要是任命前法驻派遣军参谋长承担这一职务，国民自卫军会非常乐意，所以就任命了波纳尔将军。但是数周之后，令我惊讶的是，他竟然准备前去美国接任帕克南·沃尔什将军的职务。我花了不少气力才制止了这一切，可没过多久，他又被派到爱尔兰了。我认为，他已熟悉他的工作内容，官兵也开始信赖他，他会对国民自卫军队做出贡献，在这个节骨眼上，将他调去别处，由伊斯特伍德将军接手。我想这仅仅发生在一个月之前。但是，我还是根据职责要求尽力了解伊斯特伍德将军，我想国民自卫军的高级军官们也和我一样。他给我留下了很好的印象，特别是他还不到五十岁。我认为，这一个月里，他努力工作，努力弄清自己的重大责任所在，说到自己的工作头头是道，颇有见地。他刚被任用四个月，现在你又说建议调走他，重新委任他人。

这些快速的职位变动与军队的利益相悖，容易招致严厉的批评。我不会同意解除伊斯特伍德将军的职务的。在我看来，要是你想成立国民自卫军总监处，就应该交给他负责。倘若一切进展顺利，陆军大臣两天以内就能回来，我会把这份备忘录的副本拿给他。我还是希望你能继续与我商讨此事。

1940 年 11 月 6 日

首相致空军参谋长：

昨天晚上，我方至少有七架飞机在降落时损坏或失踪。你也知道，轰炸机部队发展缓慢，我非常焦急。要在如此恶劣的天气条件下进行轰炸，飞行员一定会面对不必要的危险、承受不必要的损失。不妨减少轰炸机出动的架次，这样一来就可以一边积蓄力量，同时也可以对多个目标继续进行轰炸。

1940 年 11 月 6 日

首相致爱德华·布里奇斯爵士：

很多部门都是自行成立并建立了自己的统计机构，可是，我们还有另外一个单独归内阁生产委员会的统计处。当然，军需部的统计机构所涵盖的范围也很广。我也设立了自己的统计机构，由林德曼教授负责。

这些统计机构必须设法统一，使用相同的数字标准。大家因为不同的统计资料争辩，会造成很大的混乱。我希望，所有的统计数字以

首相及国防大臣的统计机构发布的为准，只有这些机构才能发布最后的权威统计数字。当然了，各部门的统计机构可以按照当下的情形照常进行，但是需要和中央统计局保持一致。

请你研究这一问题，告诉我如何快速有效地达成我的愿望。

1940 年 11 月 8 日

首相致运输大臣：

请让我知道，解决排队问题，还有使车辆畅通方面的工作进展如何。提前实施了灯火管制，许多人一定感到非常不便。

1940 年 11 月 8 日

首相致第一海务大臣：

请就去年我们在潜艇探测器和水听器技术上的改进向我提交一份报告。

1940 年 11 月 9 日

首相致运输大臣：

初步调查显示，近几个月以来，各个港口里面船只进出港的时间与先前相比似乎有所增加。也许是货运集中在西部少数几个港口所致。究竟是什么原因造成了迟误，是港口设备不全？还是码头上的货物难以清理？要是铁路真的不能解决这些运输问题，你可否充分利用我们的公路运输的巨大潜力制订计划？

1940 年 11 月 9 日

首相致空军参谋长：

总体来说，中东一共有一千架飞机和一万七千名空军人员，可以编成三十点五个空军中队；至于初步装备共计三百九十五架作战型飞机，预计里面有三百架可随时起飞作战。遗憾的是，六十五架"旋风"式飞机中，可用的中队（除马耳他岛外）仅有两个。除去"伯伦

翰Ⅳ"式飞机以外，这些是仅有的可用新式飞机。这个庞大部队的其余所有部分，都是旧式的或者低性能的飞机。所以，要尽量快点用新式飞机替换那些旧式飞机，此外，自然也可以让已经可以熟练驾驶的驾驶员和地勤人员操作新飞机。如此一来，中东空军的"补充"原则上就不需要增加人员，除非这一地区出现了更加复杂的新型飞机。但是，就目前我们派去的四个"威灵顿"式飞机中队和四个"旋风"式飞机中队的飞机数量来看，我们多派去了三千多人。

因为人员数量与可使用的飞机数量相差很大，而且此时从国内获得作战物资往往十分困难，浪费了皇家空军的人力和物力。初步装备的三十个空军中队以外的六百架飞机，到底有何用途？当然，有一部分可以作教练、联络和运输之用。但是，作战用的七百三十二架飞机中，就仅有三百九十五架可以用于战斗，究竟是怎么回事呢？

希望可以尽最大努力，让这支极为庞大的部队的人员、物资和经费能充分发挥作用；首先，再次补充物资；其次，将大量未编入空军中队的飞机编成更多的空军中队；第三，发展各地区的作战训练单位或其他的训练设施。

1940 年 11 月 10 日

首相致卫生大臣：

我看到你的报告显示，本周无家可归的人数减少了一千五百人，总数已降至一万人。请告诉我，这些数字中有多少是新增的，有多少已经离去的。一万人是个小数目，要是下周人数增幅不大，你要自行想办法解决。

无家可归的人平均留在收容所的时间是多少？

1940 年 11 月 10 日

首相致空军大臣：

契克斯有一个防空洞能十分有效地从侧面防止炸伤，然而房舍的安全依旧需要考虑。能不能派人来检查一下防空设备。

汽车道上正在铺草皮。

从战斗岗位上调来双管自动式高射炮让我于心不安。不如试试几个眼下正在实验阶段的火箭？

在有月光时，我想试着改变一下我的作息计划。你和你的僚属担心我的安危，这令我感到十分欣慰。

1940 年 11 月 10 日

首相致陆军大臣：

我希望由你亲自来处理此事。我们在制造这些黏爆弹的时候，遇到过很大的困难，种种迹象显示要是我不亲自前去参观试验的话，有关方面就不会用公平合理的态度去对待这种炸弹的制造。现在是时候让希腊人来试验这种炸弹了，这会大有裨益。

为什么说装载和搬运这种炸弹会有危险呢？在运送时，当然不会将雷管也装上，因此并不会有爆炸的危险。

1940 年 11 月 10 日

首相致中东空军总司令：

我每天都在想办法尽快将"旋风"式飞机送往你的司令部。这在接下来的三个星期内极其重要。请每天向我报告你收到的飞机的实际数量和可以投入战斗的飞机数量。

我听说，你在中东（不包括肯尼亚）地区约有一千架飞机、一千名驾驶员、一万六千名空军人员，实在是令我惊愕。

我十分迫切地希望你的部队可以尽快配备新式飞机；可是，倘若新式飞机真的到达，你是否可以真正准备好利用这一大批现代化飞机进行战斗？请通过空军部做一份报告，说明打算采取何种方式从你现有的巨大人力和物力中获得更强大的战斗力。

我忧虑的是，希腊战局对中东十分重要，在这紧要关头，要你们应付希腊的各种迫切需求是否会打乱你的安排。祝你一切顺利。

1940 年 11 月 12 日

首相致爱德华·布里奇斯爵士及伊斯梅将军：

　　我注意到私人秘书和其他人在正式公文中以教名互相称呼的现象日益普遍起来，要立即制止此事。各部门来往的函件中，只有简短的便条或纯粹的私人信件中可以使用教名。

　　这种信在按照姓氏找人时会有很大的困难。

1940 年 11 月 12 日

首相致内政大臣：

　　你如何在冬季处理家庭防空掩体的舒适问题，例如安装地板、排水等等？你要如何将掩体设于室内？我觉得，在掩体内设置留声机和收音机十分重要。这件事情做得怎样了？难道这不是伦敦市长经费的绝佳去处吗？我认为，停电数周后，自然要让居民重享改善过的照明。我希望可以继续进行此类准备工作。

1940 年 11 月 12 日

首相致外交大臣：

　　以后，我们一定要用尽各种手段来控制叙利亚。最好是发动魏刚或戴高乐来运动，但是不能指望这种办法，而且，在解决利比亚的意大利军队以前，我们无法抽调部队去北部执行冒险行动。但是，千万不能让意大利或卑鄙的维希分子在叙利亚占据有利地位或在那里站住脚。

1940 年 11 月 12 日

首相致比弗布鲁克勋爵：

　　我认为，在没有得到空军部，特别是参谋长委员会的批准之前，我们不能下定论。就我自己看来，不应该宣布这些真实的数字。不然，敌人就知道得太多了。就像博物学家得到鱼龙的一根尾骶骨，他便能再造整个鱼龙一样。这件事，我越想越觉得不可行。

1940 年 11 月 15 日

首相致空军大臣及空军参谋长：

我们相当于一夜之内便损失了十一架轰炸机。几天前，我就曾在备忘录中提到，在这种异常恶劣的天气下，不应强行出动。新飞机的补充速度异常缓慢，我们承受不起这样的损失。要是这样下去，轰炸机部队的力量将会被削弱，在面对重大紧急情况时你们就很难保持所需的最低限度的实力。我们并未获得任何足以说明这些损失是值得的或者这些损失得到了补偿的战绩。在我看来，一百三十九架轰炸机损失了十一架——占大约百分之八——是目前我们轰炸机发展阶段中的一次极惨痛的事件。

请向我汇报 11 月上旬的飞机损失数量。

1940 年 11 月 15 日

首相致空军参谋长：

1. 我每天都十分关心这些数字。我的图表显示，我们现在不但没有保持在水平线上，这个星期还明显下降了，轰炸机部队方面的下降尤其显著。考文垂遭到敌机轰炸后，我们无法狠狠地加以还击，这实在是令人难过，但是，我认为，眼下还是要让轰炸机部队再稍事休整。可以按照以下方式：（1）没有必要每一个目标都派那么多的轰炸机去；（2）遇到敌方密集的高射炮火时，飞行高度不可过低，投弹的准确性低也可以；（3）选择空防力量较弱的地方，确保轰炸任务能够完成。德国一定有些城镇预料不到我方轰炸机的轰炸，所以疏于准备防空设施，但是那里却有相对重要的军事目标。在此期间，要对部分此类城镇进行轰炸。

2. 如果我们的轰炸机多于五百架，还能继续增加，那么我的想法便会改变。然而，战争胜负难料，进行经常性的轰炸时，我们必须十分慎重，同时要保持我们自己的高标准，但也不可忽视我们的人力和物力。以上方法不适用于意大利，对意大利方面，我们愿意承担最大的风险。受创的"利特里奥"号是理想的攻击目标。

1940 年 11 月 17 日

（限即日行动）

首相致海军大臣及第一海务大臣：

有确切的消息显示，西北航道在 11 月 15 日有六十四艘驱逐舰可用。所以，截至 11 月 16 日，配备有潜艇探测器的舰艇总数为六十艘。然而，目前令人为难的是：一百五十一艘驱逐舰中可用的只有八十四艘，西北航道上的六十艘驱逐舰里，可用的只有三十三艘。一个月前我们举行会议时，发现西北航道舰队司令可以调遣的驱逐舰仅为二十四艘，一个月过去了，驱逐舰在原有数量上又增加了九艘。但是，在此期间，你曾经将美国驱逐舰编入现役，也得到保证说我们自己船厂的船将陆续下水。我不理解，怎么各个方面全部都做出了这种严重错误的决定？因为种种理由，怎么会将这么多驱逐舰搁置不用？是修理工作没跟上吗？美国驱逐舰的情况如何？我们修理旧舰艇和新建舰艇方面失败了吗？

我想星期四上午十时在海军部作战室召开一次特别会议。

1940 年 11 月 18 日

首相致伊斯梅将军，转参谋长委员会：

有消息显示，11 月 6 日至 7 日晚，一架德国第一百作战小组的飞机靠近了布里德港附近海面。该中队以配备特殊仪器而闻名，德国人想利用该仪器发射的神奇波束进行导航，以进行夜间轰炸。因为陆军方面声称，这架飞机是被击落在他们的辖区之内，但是他们不想去打捞，也不容许海军当局前去打捞，所以也许我们已经失去了从海上打捞这架飞机以及机载装置的机会。

请给出计划，保证今后有类似事件发生时可以立即采取行动，以求尽快获得入侵我国或接近我国海岸的德国飞机的全部情报和装备，不要因为部门之间的分歧而错失良机。

1940 年 11 月 18 日

首相致新西兰总理：

有关部门正在处理您的来电。我们一直受到少数议员和某些报社撰稿人的苛刻批评。这种情况真令人恼怒，任何一个处在我们目前这种困境中的国家都不能允许这种情况发生。但从另一方面来说，这也是一件好事，能让所有政府保持警惕，及时明白自己的缺点所在，进行补救。不要认为我们一切都完备无缺，但是，不管怎样，我们的军队士气高涨，都为战争付出了巨大的牺牲。祝愿一切顺利。

1940 年 11 月 18 日

首相致加拿大总理：

1. 很高兴看到您的来电，感谢你为了进一步发展联合空军训练计划慷慨提供所需的设备。相信我们能努力完成该计划。

2. 现在正在按照近况检查空军训练的必要设备。战时内阁认为，对于这种已被证明必须要实施的措施，他们可以寻求加拿大政府的全力协助，这非常重要，加拿大政府对于我们的共同事业已经奉献了许多。

3. 等到检查一结束，我就把我们需要进一步共同努力的方向告诉你，供你考虑。

4. 正如来电中的内容所说，所有发展联合训练计划的办法，都应当由所有相关政府之间拟订讨论题目，签订协议。我将把你的电报和我给你的答复拿给澳大利亚和新西兰政府的总理，是我送去还是你自己去？

5. 如果你同意，我们将真诚地邀请空军少将布雷德纳到我国进行短期访问。对商讨许多与训练相关的问题来说，他的到访极其重要，我们还可以将最详细的空军未来发展计划的最新情况告诉他。

1940 年 11 月 20 日

首相致自治领事务大臣：

我认为最好让德·瓦勒拉自作自受，暂时不去管他。没有什么比

《经济学人》里面的内容更具善意或者更公平了。现在对德·瓦勒拉的辩解，就等同于是我们被他们扼住了咽喉，还要无怨无悔地忍受命运。

要让约翰·马菲爵士注意到在英格兰和苏格兰掀起的怒潮，尤其是商船上水手们的怒火，也不要让他觉得自己只要抚慰德·瓦勒拉就行了，更不能让他觉得只要一切太平，哪怕我们被毁灭，他也可以不管不问。此外，值此关键时刻，我们与德·瓦勒拉越少接触越好，我们自然是没有必要向他保证什么。

议会的质询送到之后，请拿给我过目。

1940 年 11 月 22 日

首相致殖民地事务大臣：

该行动一经宣布，即须进行，但是在战争期间，毛里求斯的人民不应被封锁。内阁要求你们要保证做到以上这一点。请告诉我你对此事的建议。

（注：这里谈的是把非法迁居巴勒斯坦的犹太难民用船送往毛里求斯的建议）

1940 年 11 月 22 日

首相致海军大臣及第一海务大臣：

（请伊斯梅将军一阅）

在我看来，斯塔克海军上将是对的，"D"计划从战略角度来看也是正确的，非常符合我们的需要。所以，一旦有机会，我们就要尽全力让斯塔克海军上将的策略能更有效地实施，并且不应再发表与此计划相悖的议论。

如果日本站在我方的对立面，与我们作战，而美国则站在我们这边，那我们就可以充分利用强大的海军力量，从太平洋上远距离遏制日本。只要有一支具有优势的主力舰队驻守在新加坡或者檀香山，日本海军似乎便不敢贸然远离日本基地。美国舰队是日本的敌人，且实

力颇具优势，有它驻扎在太平洋，日本就不敢围攻新加坡。除了美国舰队部署在太平洋的必要力量外，剩余力量加上我方海军，就能在很大程度上维持除了日本近海以外的全部地区的制海权。在远东地区严格保持守势，甘愿承担所有后果，这也是我们的策略。一旦德国失败，日本对于我们的联合舰队来说便唾手可得。

美国海军的看法使我颇受鼓舞。

1940 年 11 月 22 日

首相致内政大臣：

好像这些（犯有偷掠行为的辅助消防人员）判决轻重太过悬殊，我想知道现在有没有对这种极其恶劣罪行的判决标准。有人想喝酒，去偷了威士忌酒，被判五年徒刑；但是盗窃贵重物品却只判处三个月或六个月徒刑，二者相较而言，似乎很不合理。要让人们知道私吞就是盗窃，进行处罚以示惩戒自然是必要的。但是，我还是希望你能告诉我，你们有没有着手对此类案件进行筛查并划定判刑的标准。

1940 年 11 月 23 日

首相致帝国总参谋长：

今天我已经把布加勒斯特和索菲亚传送至外交部的两封电报转送给你了，估计两封电报的内容一样，即都认为目前罗马尼亚境内的德军，最多有三万人，也就是一个整编师。你的情报处称，德国在罗马尼亚境内驻有五个师，并且能够在三四天内就集结在保、希国境线上。根据以上情况来看，你的情报处要重新仔细核实一下这两封电报中的说法。我个人认为，这种对敌人行动和准备的速度及程度过于悲观的预测，可能都与事实不符。你是否能再次仔细研究这一问题？在我看来，得两个星期或许一个月的时间才能在希腊境内发生严重战事。先不管实际情况如何，弄清楚电报中的内容是重中之重。

1940 年 11 月 24 日

首相致伊斯梅将军和其他有关人员：

　　这份文件说明，我们在制造巡逻坦克方面已经完全失败，而且，就目前的情况而言，即便到了明年我们也无法补足现在所缺的数量。所以我们在当下这种前途渺茫的时刻，必须要尽可能以最妥善可行的办法来装备我们的装甲师。现阶段，应当把数量摆在第一位。有坦克用总归是比没有要好。我们可以先整编装甲师，加以训练，然后再提高坦克的质量和性能。不要因为速度的问题就轻视它；在巡逻坦克匮乏的情况下，我们要将"Ⅰ型"坦克作为主要武器。由于我们没有别的其他武器，我们必须暂时调整我们的战术，以适应使用这种武器。与此同时，必须最大限度地提高巡逻坦克和 A22（一种新型坦克）的产量。

1940 年 11 月 24 日

首相致伊斯梅将军：

　　要立即向美国提出三万五千辆车的全部订单，切不可再拖延。同时，继续了解陆军部所需要的物资数量。

1940 年 11 月 24 日

首相致外交大臣：

　　我感觉希腊的纠纷好像非常严重。假如德国推迟借由保加利亚进入并袭击希腊的计划，或者万一不进攻，那就将对我们大有裨益。我不想让希腊的人民感觉到，我们仅仅为了一次军事检阅就强迫他们采取行动，从而让德国有了进攻希腊的借口。我们现在应该做的是延迟该会议，等到东欧混乱的局面稍显明朗一些再说。

　　我认为，我们应该通知各自治领，我们正在等待希腊的局势进一步明朗，同时告诉他们，会议最多延迟两个星期。在我看来，我们不需要向盟国政府说明任何理由，只要告诉他们这种延期不会长久就好。

1940 年 11 月 27 日

首相致伊斯梅将军：

　　将逾期了五日的报告交给我没有任何用处。海军大臣每天都能准确地了解小型舰队的情况。我不明白为什么小型舰队的情况还要经由战时内阁与国防部之后才能传到我这里。告诉海军部，让他们每周直接向我汇报各个小型舰队的情况。

　　西部航道上最多只有三十艘舰艇可以作战，对于这种情况，我感到十分担忧。明天，请将几周前小型舰队的航行图交给我审阅。

1940 年 11 月 28 日

首相致劳工大臣：

　　请告诉我目前的失业数字，尽可能将其详细分类，并进行如下比较：

　　1. 战争爆发时的失业数字；

　　2. 新政府成立时的失业数字。

1940 年 11 月 28 日

首相致第一海务大臣：

　　我不明白的是，现在有五十艘美国驱逐舰编入现役，而在 10 月 16 日就已经有一百零六艘了，为什么不能在 11 月 23 日以前将可供作战用的总舰艇数增至七十七艘以上。10 月 16 日至 10 月 26 日之间究竟发生了什么事情，导致作战的驱逐舰减少了二十八艘，而 11 月 16 日至 11 月 23 日之间（当时正值另外十几艘美国驱逐舰编入现役）又从八十四艘减少到了七十七艘？

1940 年 11 月 30 日

首相致本土防御部队总司令：

　　由于我们遭到入侵的危险已经大大减少，我批准了教堂可以在圣诞节那天鸣钟，不过，你也可以告诉我：如果要在那天发布警报，要用什么办法；第二，你要如何保证教堂的礼拜钟声在没有敌军入侵的

情况下不会惊扰民众。绝对不能放松警惕。

1940 年 11 月 30 日

1940 年 12 月

首相致自治领事务大臣：

（请伊斯梅将军一阅，并转参谋长委员会）

我们所有关于大西洋作战计划和大西洋岛屿的谈论都是很危险的，并且我们的这些谈论也与之前将此计划称为"开花弹"的决定相违背。在我看来，发那么多冗长而不着边际的电报完全没有必要，要是凡事都要这样在各部和全世界宣扬，那么军事行动就无法进行下去了。

请你们保证，以后未经我的允许，不得使用电报谈论此事。

请准确地告诉我，曾经向哪些官员和机构发送过此类电报。

1940 年 12 月 1 日

（限即日行动）

首相致地中海舰队总司令：

（密电亲阅）

1. 你 270 号电悉。今天早上，我们和联合作战指挥部指挥从头到尾地考虑了整件事情，罗杰·凯斯爵士将全权掌握所有兵力，并且他也正在草拟最后计划。他的任命不属于海军方面，其工作职责也仅限于指挥联合作战行动，他可以在必要时刻放弃海军军阶。从岛屿的大小，地形起伏不平，房屋散落，又有散落分布的碉堡这些情况来看，可以派遣少量的进攻部队和守军混杂在一起，这样一来，敌方空军的反攻便不会那么猛烈。直到战斗全部结束以前，敌方飞机也不会知道究竟是哪一方据守着什么地方；即便到那时候，意大利的旗帜还可能会在某个不知名的地方飘扬着。

2. 毫无疑问，夺取"车间"有危险，但是如果一开始就不冒险，我们就永远不能攻占泽布勒赫，此次行动我们可以泽布勒赫为鉴。突

击部队都经受过高强度训练，为了执行此次任务，我们精心挑选了志愿兵。当然，此次行动也有可能因为气候和运输船队无法在既定日期到达的原因而无法进行，如果是这样的话，就将全部兵力调往马耳他或者苏达湾以作他用。如果条件可行，那就要不遗余力地去完成。

3. 高射炮将调离东地中海并接受新的任务，你为此感到不安，其实在缴获敌军高射炮之后，你的这些不安的情绪就会没有了。即便我们没有留下充足的驻军，敌军好像也没有重新攻打的意图。突击部队将该岛移交到正规军手中之后，便可前往别处执行任务。

4. 比较"车间"作战计划和你曾提到的另一计划——今后称为"上下颚"① 计划时，请斟酌下述情况。

"上下颚"计划需要一万到一万二千人，其次，如果要攻占那两座大岛，所需人数将更多。你提及的那些小岛屿上的行动会惊动整个地区，除非我们继续行动，否则很难有大的收获。其次，"上下颚"计划会使得希腊人和土耳其人之间发生激烈冲突，这是我们目前最不想看到的。第三，我方的报告显示，多卡德尼斯群岛地区的饥饿态势越来越严重，晚一点动手，或许我们的牺牲会较少。此外，试行"车间"计划，并不是说以后会取消"上下颚"计划，除非我们所有的舰艇和登陆艇都被毁——这也是有可能的——否则决不会取消这次行动。另外，试行"车间"计划也可能为敌人在北非沿岸一带的陆上交通线所采取的军事行动提供一些机会。

5. 从战略角度来看，"车间"计划会让我们更好地控制敌人同利比亚军队来往最频繁的路线，与此同时，还能为我经过所谓的"海峡"② 护航队和运输舰艇提供更好的空中保护。此间，联合参谋部认为，这道我们东西交通间的障碍一旦清除，将会对我们大有裨益。此外，我们要表明，我们有能力进行猛烈的两栖攻势作战。因此，我要

---

① 进攻多德卡尼斯群岛的作战计划。

② 海峡指达达尼尔海峡。

求你，如果条件适宜的话，就尽你最大的努力马上取得胜利。

1940 年 12 月 3 日

首相致飞机生产大臣：

今天国王询问飞机上使用的仪器是否短缺。

1940 年 12 月 3 日

首相致伊斯梅将军：

1. 苏达湾仅有两架探照灯，好像很不够用。怎样想办法增加呢？

2. 既然考虑到"格拉斯哥"号是在停泊状态下遭到水上飞机、鱼雷袭击的，所以是否要考虑在船舶停靠附近时，铺设铁丝网进行保护？我认为这是意大利在塔兰托所采取的方法，在进攻时，他们就不采用这种方法了。请就这一问题向我提交报告。

1940 年 12 月 4 日

首相致陆军大臣：

军队编制

1. 我了解，你最近有意发动一场大规模征兵活动。报纸上报道说征兵人数约为一百万人。这就让我不得不查看一下你所掌握的兵员的分配情况。根据你的报告，分配给远征军和中东方面的兵力共有二十七个英国师。每个师有三万五千人，包括军、集团军、保卫交通线的部队等等。另外还有七万人的保安部队被派往驻扎中东地区。

2. 目前，大家所公认的一个英国师编制为一万五千五百人。每个师只有九个营，每个营有八百五十人，所以一个师有七千五百人左右。各营的所有编制中，绝大多数是勤务人员，我怀疑，每个营的步枪与机枪的兵力，即作战力量，有没有超过七百五十人。如此算来，一个英国步兵师的实际作战力量仅为六千七百五十人。按照通常说的拿刺刀或步枪的人数来算，二十七个师的作战步兵力量是十八万二千二百五十人。过去常说，步兵是"陆军的中坚力量"，其他所有兵种都是

辅助于步兵的。在新的局势之下，这种情形当然也会随之改变，但是总的来说，这种说法仍然是正确的。一个师的编制是以九个营的步兵为中心而建立起来的，此外，每个营都会配备一个炮兵连以及一定比例的通信兵和工兵；营、旅、师的辎重兵和其他人员，以上人员就可以组成一个完整而又独立的单位。

3. 如果我们把一个师当成一个单位来看，就会发现，每个师的正式编制是一万五千五百人，然而现在二十七个师却有一百零一万五千人。这就使原本编制为一万五千五百人的一个师，事实上有了三万五千人之多。所以，远征军或中东的每个师，在规定的一万五千五百人的编制满员以外，又几乎要增添两万人。

现在，请向我解释需要五十四万人之多是怎么回事。据说，军、集团军、保卫交通线的部队等等，再加上中东保安部队的七万人，确实需要那么多人？

4. 也许有人会认为，这件事如果按照这样进行下去，这件事就会到此为止。相反，这只是一个开始。从所附的图表就可看出，还需要征兵近两百万人。本土野战军拥有七个师，没有人会表示异议，但是，要是把每个师的编制从一万五千五百人增加到二万四千人，就很令人吃惊了。这一共需要将近十七万人。

5. 在尚未改善对付夜间轰炸机的办法之前，在英国的空中优势未进一步增长之前，暂时将维持大不列颠防空部队所需要数量定在五十万人。

6. 由于我们已经给正在训练中的部队和牵制部队的常任官佐还有"不能参加作战"的人数已经留了很大的余地，但现在又需要二十万人，这让人十分不愉快。装备完二十七个师和七个本土师战斗人员之后，还需要十五万余人的参谋人员、勤杂人员和卫兵等。除了要向他们供给一切必需品以外，还要把这些多达三十五万人的参谋人员和勤杂人员当作上战场的英雄一样供养着。

7. 和上述情形比起来，除了中东之外，驻扎在海外的七万五千名士兵似乎并不算多，印度和缅甸一共才三万五千人，好像有点太少。

8. 请你详细向我解释一下，用十五万人补充各军、集团军和对英国师以外的各师配备保卫交通线的部队是怎么回事。就我所知，澳大利亚和新西兰部队大多自己负责处理后勤事务。不管怎么样，请你告诉我，这十五万人要是前往师部后方，你该如何分配。

9. 而后剩余的三十三万人应当只是理论数字。但是完全可以抽调之前提到的三十五万名常任官佐、勤杂人员以及其他不能作战的人员进行补充。

10. 我们先除去那三十三万名冗余人员——这些人直到 1942 年 3 月以后才用得着——再扣除中东、印度及缅甸以外的十一万名海外驻军，还剩下二百五十万零五千人，剩下的这些人可以用于上文中的二十七个师和七个本土师，这样一来，每个师就有七万四千人。即便我们去掉大不列颠防空部队需要的五十万人，还有两百余万兵力——也就是说：这些人可以装备三十四个师，每个师分别配备六万余人。

你必须在我请求内阁批准再次征兵之前，将这些问题研究透彻，或者至少删减掉战斗部队后面的一百万名多余兵力，将他们用在实际有效的地方。假如真的要由国家来供养这批从民间征调的对战争并无太大益处的大量兵力，那就是我们的工作没做好。

1940 年 12 月 9 日

首相致伊斯梅将军：

请就海军部船舶打捞修理处工作的进展情况向我提交一份报告，说明：他们做了些什么工作，还有要是为了迅速满足日益增长的船舶修理需要扩充的话，打算如何扩充。

1940 年 12 月 9 日

首相致伊斯梅将军：

请制作罗得岛和勒罗斯的模型。向我汇报何时能完成。

1940 年 12 月 11 日

（限即日行动）

首相致空军大臣：

空军部与飞机生产部发生的争执让我了解到了事情的原委，也听到了双方坚持的观点，就公众利益来看，这场争执是有好处的。你可否仔细阅读我随信附上的种种申诉，特别是关于你在 9 月 1 日有一千多架不能使用的教练机一事。鉴于新内阁成立时，空军后勤部队中工作效率普遍偏低，所以我们当时可用的飞机只有四十五架，但是现在我们则有一千二百架左右，我很早就开始怀疑，训练单位和空军部门中再次出现了这种大量飞机不能使用的情况。我记得很清楚，你部下一位高级军官曾说过，空军训练部规划工作时，是按照不能使用的飞机占总数的百分之五十的比例进行的。应该由谁来负责修理单位和训练单位呢？如果是我，我就把所有修理工作都推给飞机生产部，然后就能对他们的各种不足加以批评。

另外请你注意，进行调整之后，修理好的飞机与引擎数量增长情况如何。

我现在要再次提到你昨日把你致飞机生产部的信给我的时候，我和你说的那个问题。空军部认为德国用于一线作战的飞机多达六千架，而我们仅有两千架左右。他们还认为，德国每个月的飞机产量为一千八百架，其中供训练单位使用的仅为四百架，而我们每个月飞机产量只有一千四百架，但是训练单位使用飞机数量也是四百架。你所引用的数字坦白说我并不相信（除非是为了争论）——显示双方教练机的数量相同，而德国战斗力，又是我们的三倍，对此你又作何解释呢？我想也许你想说我们会在未来加以扩充，但是德国也会再加以扩充，到时候的兵力一定也会继续是我们的三倍。

我非常关注你们这场争论的发展。

1940 年 12 月 14 日

首相致比弗布鲁克勋爵：

敌人对我们狂轰滥炸，我们撇开新生产的飞机不说，只就修理好的飞机而言，我们已经完成得很出色了①，这些成绩完全归功于你。现在，我们空军后勤部队已经有一千二百架飞机了，这让人十分宽慰。疏散工厂一定会给你带来不便，但是，为了使其避免被敌军炸毁，此举还是非常必要的。

此外，你并不是一味地只增加数量，反而还努力追求质量。

第一段②对你有所指责，这肯定是空军部和飞机生产部的争执引起的。他们视你为无情的批评者，甚至是一个敌人。他们因为飞机生产部的这部分工作被从手中夺走而愤愤不平，我肯定，他们一逮到机会就会大发牢骚。我深信，两个部门之间相互进行激烈的批评与反击，比起奉承更有利于大众。所以，你得忍耐这种战时出现的激励人心却又让人有点不悦的情况。

1940 年 12 月 15 日

首相致自治领事务大臣：

你可以从我致孟席斯先生的电报看出，我认为远东的局势并不会有迅速恶化的可能。利比亚之战的胜利不但加强而且是大大地加强了我在电报中提到的远东局势恶化的危险。我并不希望将我方兵力过分地分散于马来半岛和新加坡。相反，我想在中东建立一支尽可能大的海、陆、空军，使其处于机动状态，好让其在希腊，以及不久后的以色列作战，或者，万一日本态度有变，就将其派至新加坡进行支援。眼下正是我们西北航线面临严重危险的时候，实在无法按你要求的那样调派这么多飞机，特别是 P. B. Y. 式（飞艇）。由于以上原因，对于你电报中的内容我表示不认同。在我看来，目前我自己的这封电报中提到的（已用红笔修改）已经完全足够了。

1940 年 12 月 15 日

---

① 比弗布鲁克勋爵送来的统计表，比较了飞机的实际产量与计划产量。

② 比弗布鲁克勋爵 1940 年 12 月 14 日的备忘录第一段的大致内容为，时常听人说即使 1940 年 5 月不另设飞机生产部，空军部也能达到现在飞机生产部的产量。

首相致空军参谋长：

在希腊兴建大量机场以容纳新式轰炸机和战斗机，还有调动骨干人员以及备用的零件等相关事宜你处理得如何？

我认为，这件事在近期是非常重要的，如遇突发事件，我们必须做到不惊慌失措。

希望你每两周向我汇报一次。

1940 年 12 月 15 日

首相致帝国总参谋长：

请让我知道，第二装甲师最快什么时候能够：

1. 登陆苏伊士；

2. 并能前往西非沙漠作战。

1940 年 12 月 20 日

首相致空军参谋长：

我希望你能尽量多加休息，一有机会就稍作休息。战争会长期进行下去，你的责任非常重大。你完全可以派你的代表前来参加我所召集的会议。

我提醒你注意休息，请不要介意。好多人向我反映你工作太过辛苦。

要是德国在新年进攻，他们可能使用毒气，我们也使用毒气进行反击，这对我来说是一个沉重的负担。但是，我们所取得的进展十分可观。

1940 年 12 月 20 日

首相致军需大臣：

想必你还记得，1938 年 10 月，内阁下令储存了两千吨芥子气，但是直到 1940 年 10 月，这项工作还未完成，战时内阁已下令追查此事。

你们军需部发来的最新消息显示，12 月 9 日芥子气的储存数是一

千四百八十五吨。你还说另一批共计六百五十吨的芥子气上周便可备齐，相应地，芥子气的产量也在不断提高。请问你的这一承诺能否得以实现？

与此同时，我还看到你们终于开始认真生产新式二十五磅底部发射毒气弹了，而且，截至 12 月 9 日，已充装完毕七千八百一十二枚。我想知道这些数字和陆军要求的储备数量总数比相差多少，何时才能达到储备数量。

新式六英寸底部发射毒气弹到现在还尚未充装。陆军要求储备多少此类毒气弹，何时能够完成？

我已将本备忘录的副本送交陆军大臣。

1940 年 12 月 21 日

首相致军需大臣：

我听说中央物资统筹发配局曾经就可能匮乏的物资进行过特别调查。

据说最缺乏的物资是制造飞机、坦克、大炮和运输工具所需要的落锻钢。预估 1941 年所需落锻钢的数量约为四十四万一千吨。目前，国内每年落锻钢的生产量为二十万零八千吨。我收到消息称，我们已经向美国定购了七千吨落锻钢，并有可能在 1941 年年底，定货量会增至每年两万五千吨。就算预估数量偏高，我还是觉得落锻钢十分短缺。

预计国内的落锻钢生产量会小幅增长，但是我们需要增加一倍产量。制造落锻钢的工人共有一万四千名，但是，报告显示：8 月到现在，工人数量只增加了三百人；该行业认为它每一季度最多只能吸收一千人；而且，招纳新的工人十分困难。要对以上情况进行调查。

在此期间，唯一可以立即实施的行动是向美方购置落锻钢，若有必要，可派遣一名特别专家前往。

1940 年 12 月 22 日

首相致工程与建筑大臣：

我了解到，各种福利事业中，住房资源十分匮乏，无法满足无家可归之人和疏散计划的需要。我也了解到你和卫生大臣已经在一起寻找住所。

希望你能竭尽全力，尽快处理此事。

请送交我一份报告，载明在已经征用的房屋中，有哪些是尚未用于战时用途而又适宜居住的。

1940 年 12 月 22 日

首相致查特菲尔德勋爵：

我发现"乔治勋章"颁发得竟然如此之少，我深感遗憾，我预期的数目要比这个多十倍。我本以为你会和遭受猛烈轰炸的各地当局取得联系，强烈要求他们上交推荐名单以供选择，并让各个部门重视此事。你就不能在这方面再多做点什么吗？目前为止，你应当已经知晓了很多典型事例，可以将这些事例通报给各有关当局和部门，好让他们衡量自己的所见所闻。

如需帮助，请即见告。

1940 年 12 月 22 日

首相致第一海务大臣：

波罗的海不久便要解冻。请让我知道波罗的海的局势与未来的发展。

今年夏季期间运入瑞典的矿石情况如何？海军参谋部必须对此事进行盘问。

从挪威水道运输过什么物资？

过去八个月内发生的事情对德国矿石供应造成了什么影响？即便不在挪威水域敷设一个正规的水雷区，但是也没有理由不敷设磁性水雷吧？看起来大家把这件事情完全忘记了。

希望你能向我就此事提交一份备忘录，并告知我还可以采取什么

措施。

1940 年 12 月 22 日

首相致伊斯梅将军：

联合计划委员会成员的工作毫无疑问分为以下两类：

1. 眼下他们正在为参谋长委员会进行的工作。

2. 指示他们制订长期未来计划，他们已经开始着手进行了。

我所说的是后者这类工作。我想任命一名未来规划总监——或者采用其他头衔，非常有用，他可以指导和协调某些特定工作计划，主持联合计划委员会人员的一切会议并直接和我——国防大臣——联系。我认为，以奥利弗·斯坦利少校（前陆军部大臣）从前处理外交和内阁事务的经验来看，这位未来规划总监一定能够积极推动这个工作，我们只需偶尔加以催促便可。应当授予他一个临时军衔，让他成为高级官员。

请就我这些想法向我拟订一个具体措施。

1940 年 12 月 22 日

首相致飞机生产大臣：

军需大臣送来的报告上显示，在过去一个月中，军需部向皇家空军交付的装有毒气的炸弹和容器数量下降得十分明显，这让我十分担忧，从 11 月 11 日至 12 月 9 日的四周中，交付数量总计如下：

30 磅炸弹	无
250 磅炸弹	18
250 磅容器	无
500 磅容器	25
1000 磅容器	9

我了解到，数量之所以减少，是因为工厂遭到袭击，给某些供应造成了困难。

即便这样，大力供应飞机用的毒气容器依旧至关重要，以在必要时对敌军立即展开报复，希望能够告知我提高这些容器交付时间所采取的步骤，以及接下来三个月的交货情况的预估。

1940 年 12 月 22 日

（我十分关心出于国家安全考虑而严重违反人民个人权利和自由的情况。对人权法案、人身保障法和陪审制等概念我从小就耳濡目染，虽议会一再表示同意，我也深感痛心，要对破坏这些原则的事情担负责任。在 6、7、8、9 这几个月，英国的情况是那般危急，以至于我们无法对国家行为有任何限制。现在，我们可以暂且从中抽离出来，这样似乎就有义务进一步详细处理被拘留者的案件。我们已经建立好了一个严密的审查制度，主管的内政大臣已经释放了许多危急时期逮捕的人）

首相致内政大臣：

必须知道，这些政治犯并不是那些被控违法、等候审讯或是在押候审的人。没有证据表明他们犯下了什么罪行，只是因为他们威胁到人民和战事情况才将他们拘留起来的。要我对这种与英国的自由、人身保障等基本原则产生冲突的事情负责，我当然深感不安。出于公众的安全考虑采取这种行动无可厚非，但是现在公众的安全越来越有保障，就没有必要再采取这种行动了。

左翼对莫斯利①和他妻子，以及潘迪特·尼赫鲁成见很深。我曾特别提出要求希望可以取消对潘迪特·尼赫鲁实行那样严格的监禁。其他国家都是把这种人拘禁在堡垒里的——只要这个世界还是文明世界，往往都是那样。

鉴于这种情况，我仔细思考了一下莫斯利和其他这类人目前所受到的监禁的详细情形。所谓的每星期沐浴一次是否指热水浴，让他们

---

① 英国法西斯联盟（黑衫党）的领导人物，英国政府在 1940 年 5 月将其逮捕。——译者注

每天洗澡一次难道就会大错特错吗？按照第八条规章，有没有什么设施供他们经常的户外运动和娱乐游戏之用？如果说每封信都要经过检查才能送出，那一周可以写多封信也就没什么可限制的了。允许他们看些什么书？这些书是不是仅限于监狱图书馆的书？允许他们看报吗？对写书或研究专门问题所需要的纸笔规定如何？允许他们有无线电收音机吗？夫妻见面作何安排？莫斯利的妻子和被迫与母亲分离的婴儿作何安排？

请将你个人关于这些事情的看法告诉我。

1940 年 12 月 22 日

首相致澳大利亚总理：

1. 我万分感谢你答应在新加坡用军队、装备和弹药相助，希望你按所提各项供应。如果达成上述事件，我们将安排在 5 月期间，派遣相当于一个英印师的兵力去替换你方军队。

2. 在我看来，日本对英帝国开战的危险，肯定已经远小于 6 月间法国垮台之后的危险。从那时起，我们就击溃了德国空军力量的进攻，用我们不断壮大的陆军力量成功地震慑了敌人，并在利比亚获得了决定性的胜利。从那时起，意大利暴露出了它在海上、陆地和空中的脆弱无力的弱点，只有或者除非德国利用土耳其、叙利亚和巴勒斯坦的水域进行攻击，否则我们就再也不会怀疑我们防守尼罗河三角洲和苏伊士运河的力量了。这将是一件长期的事。我们在东地中海地区的地位之所以能得到大大改善，是因为我们占领了克里特岛，并正在将其变成第二个斯卡帕湾；还有我们希望希腊能大举获胜；我们现在在希腊可享受各种便利，可以在那里建立强大的空军基地，日后从该处进攻意大利。

3. 我们不能因为日本而失去我方海、陆、空三军在该地区日益有利的形势。在眼下这一关键时刻，我们绝不可能让海军舰队驶离地中海地区，否则会前功尽弃。随着意大利海军力量的逐渐削弱，我方地中海舰队的活动范围便有可能大大增加，如果可以击溃意大利舰队使

其无法作战，而意大利本身也溃败不堪——这是有可能的——无法作为交战国出现，届时便可不蒙受重大损失，派遣一支强大的海军作战力量前往新加坡。在这种成果得以实现之前，我们必须耐心、坚定地忍受我们在东方的忧患，但是，长久以来大家都理解：一旦澳大利亚受到严重的侵略威胁，我们将毫不犹豫地为了我们盟友而做出妥协或者放弃我们在地中海的地位。

4. 在地中海以外的地区，海军的负担大大增加。如果"俾斯麦"号和"提尔皮茨"号加入德国舰队——也许早已加入了——那德国就可再次组成一支作战的舰队。"英王乔治五世"号已准备就绪，但是，我们还要等待数月才能收到"威尔士亲王"号，"约克公爵"号要等到仲夏，"安森"号则要等到 1941 年年底。我们要在今后的六个月中将精力比任何时候都要集中地放在斯卡帕湾。大西洋出现了袭击商船的袖珍战舰，这就使得我们不得不再次用战舰护送我方运输船队，我们还派遣了搜索袭击舰的小舰队前往南大西洋，如有必要，还会向印度洋派遣。我们还要时时小心达尔朗把法国那部分完整的舰队出卖给德国的可能性。

5. 以上原因使得当前海军的负担，就我在这次大战或上次大战所见到的情形来说，最为沉重。要是在新加坡建立一支分遣舰队，那必然断送我在地中海的地位。我认为，除非或直到日本的威胁远大于目前情况，否则你肯定是不希望我们这样做的，同时，我也深信，一旦日本加入战争，美国会与我们站在同一阵线，这样，他们就可以负责海军，帮助我们解决各种问题。

6. 新加坡举行的会议就空军支援马来亚的问题，建议立即派遣大量飞机。但是，战事还在变化之中，我们尚未确定要派遣至新加坡的飞机数量。而且，西北航线正在殊死搏斗，需要飞艇发挥作用，断不可因为日本进攻的可能性小就弃之不用。总之，我们的政策是：在中东建立一支尽可能强大的海、陆、空军力量，并让这支队伍随时保持机动状态，以便日后可在利比亚、希腊，或者不久派往到色雷斯作战，又或者在日本的态度恶化时，派往新加坡支援。如此一来，便可集中

兵力，还能从多个方面对胜利有一个有力的保障。

7. 最后，我必须告诉你，我们正在向中东派遣大批运输船队运送军队和武器弹药，那里的军队人数到 2 月间将接近三十万人。这会再次加重护航任务。不过，此事关系重大，如果要战胜我们所面临的种种困难，就得甘愿在世界各地承担风险，我相信我们是一定可以做到。

8. 我将安排陆军部直接和墨尔本陆军司令部着手处理运输和设备的细节问题。

祝一切顺利。

1940 年 12 月 23 日

首相致伊斯梅将军：

请想办法向我多提供一些苏卢姆、巴迪亚等战区的照片。

可以告诉你手下的职员对此事稍加留意。

1940 年 12 月 23 日

首相致伊斯梅将军，转参谋长委员会：

给迪皮伊先生（正在前往北非）的便函：

要是遇到了魏刚或诺盖将军，你就告诉他我们现在在英格兰有一支装备精良的队伍，除去抵抗入侵的军队之外，我们还有数量可观的后备军，他们已经接受了良好的训练，并且行动迅速。

中东的形势也正在好转。在最近的任何时候，如果法国政府决定在非洲对德国、意大利重新作战，我们都可以派遣一支强大而又装备精良的远征军前往摩洛哥、阿尔及尔和突尼斯进行防卫。只要有运输和登陆设备，我们的远征军便可马上启程。我们现在已经开始扩充空军，以后可以提供有力援助。英、法舰队再度联手，共同使用摩洛哥和北非的基地，便可保证地中海的制海权。

另一方面，德国人随时会通过威逼或者利诱借道西班牙进行攻击，致使直布罗陀这个港口所无法使用，有效地控制海峡两岸的炮台，并在机场上驻扎空军。快速进攻是他们惯用的伎俩，一旦他们在卡萨布

兰卡站稳脚跟，那一切计划便会无法实施。如果有希望能大胆行动，并制订计划，我们十分愿意等待一段时间。但是，形势随时会恶化，希望也有可能随时破灭。最重要的是，贝当元帅的政府应该知道，我们有能力并且也愿意提供日益壮大的有力支援。但是，这件事情，我们可能很快就无能为力了。

1940 年 12 月 23 日

首相致海运大臣：

我看到你发表了一个美国使用外国船只的讲话。能不能让我看看书面材料，还有美国报纸的报道能不能也一并告诉我？我有印象，好像美国人对于我们向他们提出的要求不太乐意，因为他们认为英国还没有充分利用现有的船只。对此，你应当记得我曾经多次询问过，完全行驶于联合王国境外各港口之间的英国船只的吨位究竟有多少。

海运部上月的报告显示，英国所有吨位在一千六百吨以上的非油船船只中，有二百三十多万吨位的船只在海外各国之间进行贸易往来。请详细向我解释此事。除去油船，还有将近二百万吨位的挪威、比利时和波兰的船只也在海外从事商运。

1940 年 12 月 24 日

首相致爱德华·布里奇斯爵士及伊斯梅将军：

新的一年即将来临，我们必须再做出新一轮的努力以限制保密文件在三军以及其他部门中传播。对各军事部门、外交部、殖民地事务部和自治领事务部等部门中所有文件的分发重新审查，尽量减少阅读人数。

征求涉及复写各种文件的主管官员的意见，制作一份说明每份保密文件的复写数量的表格，交给我。

请向我报告这件事如何做到。

1940 年 12 月 25 日

首相致自治领事务大臣：

在我看来，让各自治领完全了解战事进展情况，并不违背原则。尤其是有自治领军队战斗的战场，有必要进行详尽全面的报道，但是没有必要将这些消息传播到无关的自治领去。无论如何，我们要做出努力不让这些极其机密的消息在如此大的范围内扩散……我们目前正在面临一种危险，那就是自治领事务部的官员养成了一种习惯，爱把登载着满篇绝密消息的文件，派送给正在打交道的四大自治领政府传阅。他们认为消息传播得越广，对国家的贡献越大。其他一些部门也有这种爱好，热衷于搜集尽可能多的机密情报，并对在各政府部门中积极传播此类消息。我现在不断地在努力遏制并抵抗这种势头，如果对这种现象不加以制止，战争将无法控制。

所以，虽然原则不变，但是方法上要适当保密。

我希望，任何高度机密的文件，特别是关于作战行动或当前军队调动的，在发出以前，要先询问我的意见。

1940 年 12 月 25 日

首相致卫生大臣及国内保安大臣：

我随函附上了我们昨日召开的会谈纪要。请按照会议纪要采取行动。

我深信，在各防空壕内应当只有一个主管人，这个主管人负责防空壕内所有人员的健康与舒适。他还要承担卫生和收管床上用品等工作。我认为，国内安全部和内政部面对敌人的轰炸，任务重大，不应当承担涉及害虫和卫生的问题。这些问题应当属于卫生部职责，他们要对整个防空壕里面的生活问题担负责任，事无巨细。

1940 年 12 月 25 日

首相致爱德华·布里奇斯爵士及林德曼教授：

我必须要在下周的周一、二、三下午五时于地下作战指挥室审查1941 年的进口计划。你和林德曼教授拟订日程。周六晚上，请你将粮

食和供应品运输的紧要项目，还有三军就目前蒙受的损失及所提出的要求送给我审核。林德曼教授将在星期六晚向我说明突出的事例和重要的图表。召集下列人员来开会：

枢密院院长

掌玺大臣

国务大臣

飞机生产大臣

军需大臣

粮食、运输和海运三位大臣

（只需大臣到会）

1940 年 12 月 26 日

首相致军需大臣：

反坦克枪以及二英寸、三英寸口径的迫击炮，武器和弹药数量不符，以三英寸口径迫击炮为甚。我们的反坦克枪数量足以装备二十三个半师的兵力，但是这些队伍每月一共只有三万二千发子弹。我们二英寸口径的迫击炮数量足以装备三十三个师，平均每个师可分配一百零八门，但是，每月只有三万二千四百发炮弹，仅供四个半师之用。武器与弹药数量悬殊最大的是三英寸口径的迫击炮；但令人意外的是，我们的武器数量足以装备将近四十个师，每个师可分配十八门，但是，每月的炮弹供给只有一万四千发，仅够一个半师使用。

1940 年 12 月 26 日

首相致海军大臣：

如果现在能安排在六个月内修复那四艘配有十五英寸口径大炮的军舰并完成其他舰艇的修缮工作，我就同意放弃我长久以来没能实现的愿望：将"坚决"号改装为一艘适于近海作战的战舰。

这四艘舰艇自从开战以来的遭遇，可以和海军史中最悲惨的"英王乔治五世"号的遭遇相提并论。

我希望你能保证在六个月内完工，当然，如果敌军采取行动则另当别论。

1940 年 12 月 26 日

首相致第一海务大臣：

我认为，我们应当做出更大的努力，从 1 月开始拦截途经挪威水路的矿砂资源运输。这一行动要比冰岛—法罗海峡问题更为重要，后者目前已经不复存在了，所以我们主要利用各种的水雷进行一场大规模的战争。今年袭击挪威海岸的条件比去年更加有利，但是依然要认真对待，不可马虎。

请向我提交一份更详尽的报告。

1940 年 12 月 26 日

首相致伊斯梅将军，转参谋长委员会及其他有关人员：

在我们遭受入侵时，运用一定的战术反击最为重要。我衷心地希望眼前千万不要进行毒气战。我担心敌军会使用毒气，而且，或许会很快使用。所以，我们必须做好一切防备工作，并尽力增加我们的反击力量。

有时我想知道：如果我声明，除非对方向我方首先使用毒气，否则我方绝不使用，这种声明会不会对敌人产生一些威慑作用；另一方面，我们其实也用必要的容器准备了几千吨各类的剧烈毒气，并能立即对德国施以反击。总而言之，在我看来，除非有证据证明敌人就要对我们实施毒气战，否则，我方最好还是保持沉默。不管情况怎么样，他们会为自己打好算盘，林德曼教授曾提到这一点。他们一定要说我们威胁要打毒气战，并且很快找借口这么做的。第三，在所有此类声明中，都存在很大的夸张成分。如果有人有异议，我很乐于了解。毒气战让我十分担忧。

1940 年 12 月 26 日

首相致内政大臣：

我在报纸上看到，有许多人因为违反了战时条例或者做了他们平时不会做的事情而被判有罪。我很想知道加上被拘禁和被判有罪的人，监狱里的囚犯数量和战前相比如何？

只需要告知我几个简单的数字。现在关在监狱里的人数量是否大有增加？

1940 年 12 月 26 日

首相致海运大臣：

请将你目前决定的进口计划的主要项目按

1. 今后四个月；

2. 1941 年。

列在一张纸上交给我。我希望明天（星期六）可以收到。

1940 年 12 月 27 日

（限即日行动）

首相致伊斯梅将军，转参谋长委员会：

1. 关于人们说的我对"玛丽"作战计划的看法，我完全不承认。我记得：我曾发出过一份书面备忘录。请把它找出来。我很少会发布书面形式的命令。为了避免误会更深，我先发出如下声明。

2. 参谋长委员会和我本人都认为"玛丽"作战计划很重要，也很有价值。所以，我们不仅要派遣外籍军团，而且还要增派另外两个法国营，让它们随 1 月 4 日启航的运输船队出发，前往苏丹港，驻扎在该处。他们可以在该地实施"玛丽"作战计划，或开往埃及。如果只派遣外籍军团，而不派遣其他法国部队，将无济于事。所以，我曾经下令拟订建议：从这里驶出空运输舰，然后将另外两个营送至弗里敦和法军会师，然后一同前往。

请于今日拟订此事相关建议交给我。

等这些军队抵达苏丹港后，时间还很充裕，我们再来考虑政治方面的问题。

1940 年 12 月 27 日

首相致掌玺大臣：

收到了你 11 月 14 日关于冷藏肉的报告，我十分感激。不知道你是否有意按照后来的事情发展向我提交新的补充。我对肉类情况十分担忧。

1940 年 12 月 27 日

首相致陆军大臣及帝国总参谋长：

1. 我们过去的反坦克枪生产十分出色，制造了将近三万支。但是，供其使用的弹药生产却远远落后，实质上其生产量还不足应有的五分之一。我们目前军火生产计划中最大的不足之处是弹药和反坦克枪的生产不"匹配"。给军队大量发放没有弹药的反坦克枪就相当于欺骗，这些武器很快就没有什么用处，如同废铁一般。很多地方没有一发子弹可以用于训练，都要留到真正作战时才能使用。

2. 这种情况下，我们希望陆军部不要再增加反坦克枪与弹药之间悬殊的数量差别，而是将自己的需求集中在弹药上。但是，与此相反，因为某些我闻所未闻的原因，在兵力并未增加的情况下，陆军所需的反坦克枪竟然从三万一千支骤然增至七万一千支。这样的决定是何时？由谁？出于什么样的原因？做决定的时候是否考虑过怎样增加本已数量远落在枪支生产之后的弹药数量？请就这些问题向我提交详细报告。

3. 但是，目前德国已经两次轰炸了小希思地区的工厂，这极大地影响了反坦克枪的生产，所以工厂无法按照陆军部所希望的日期完成他们所需要的七万一千支反坦克枪。另外，我希望弹药生产可以加紧，使所有枪支都能配备上弹药。由于敌军行动改变，我们的计划不得不做重大调整。

4. 鉴于以上原因，如果陆军对现有的计划有重大变动，特别是如果因为这种变动而需要牺牲其他紧急任务去建立新的工厂，请务必通知我。在图表中所包括的设备只要涉及重要的变更之处，请事先向我报告。

1940 年 12 月 27 日

首相致空军参谋长及空军部：

很奇怪的是在 12 月 27 日之前的一个星期内，仅仅从塔科拉迪派去了一架飞机，而事实上我们在该地待命出发的飞机应该不少于四十四架的。是不是塔科拉迪的管理工作出了问题？能否向我们上交一份特别报告，汇报关于那里的情况？"狂暴"号很快就会向塔科拉迪运去第二批飞机。

1940 年 12 月 29 日

附录（2）

丘吉尔先生与孟席斯先生关于达喀尔的来往函电

孟席斯先生致首相：

达喀尔事件让我们深感不安，它对澳大利亚产生了不良的影响。首先，我们来谈谈实质问题：

很难理解，为什么没有绝对把握获的胜利，还要作此尝试。这样毫无顾忌地进攻，让我们远在他方的人看来这简直是在糟蹋自己的威信。

其次，谈谈问题：

报上都已经公布此事了，澳大利亚政府才知道作战的详情，才知道已经做出了放弃进攻达喀尔的决定，这是绝对错误的。我会避免公开批评，但私下里要告诉你，澳大利亚政府没有得到英国正式的官方消息，真的很难堪。最后，我想坦白地说，澳大利亚政府衷心地希望，我们不要低估中东的困境，在那里获得彻底的胜利是重中之重。

1940 年 9 月 29 日

首相致孟席斯先生：

我已经收到 9 月 29 日的来电，真是十分遗憾，因为，我认为，即便我们在个别小战役中表现不佳，但我们为此所做出的重大努力还是足以得到人们宽厚的谅解……法国舰艇把维希人员从土伦运到了达喀尔，敌对的法国海军掌握了炮台，使得达喀尔的局面遽然发生了巨大变化。虽然英国海军竭尽所能加以阻拦，但还是未能在法国舰艇前往达喀尔的途中将其成功拦截。海军和陆军指挥官们在达喀尔的防卫力量受到了严重的考验并遭受了那些我曾经向你报告过的损失之后认为，这些防卫力量没有实施和支援登陆行动的能力，他们没有让我们加入一次海岸作战，我认为这是十分正确的决定；海岸作战不同于海上攻击，海上攻击可以随时停止，而海岸作战可能使我们身陷其中，难以脱身。

至于你的批评，如果说没有"获胜的绝对把握"，就不应作此尝试的话，那你会发现，我们只能完全处于劣势。在考虑如达喀尔的法国守军的抵抗程度此类未知因素时，难免会出现不确定和冒险之处。比如由喀麦隆人驻守的杜阿拉，在塞内加尔军队拒绝前进后，二十五名法国军人将其攻下。在这件事情上，我们当时也不具备有压倒性优势的兵力，行动与否？第二，我不能接受所谓"三心二意进攻"的指责。我希望，你并没有从我们过去这五个月获得举世赞叹的斗争中得到这样的印象，认为我们是一个"三心二意的政府"，或者说，我在执行任务时是犹豫不决的。我想，毫无疑问，从澳大利亚的大选中曾利用我的名字这点来看，我们的这些努力获得了澳大利亚的极大称赞。

我们会时刻注意，要在公布消息之前，提前让你知道，但是，我们却不能阻止德国和维希的无线电台在我们接到我们的司令官的报告之前，就把发生在达喀尔的事情经过公布出去。

对于你就中东的看法，我认为我们并没有低估那里的困难，当然，我们的兵力和意大利在利比亚和埃塞俄比亚的兵力比起来要少得多，而德国又随时可以对其进行支援。法国的背叛使整个中东陷于困境，并切断了我们途经地中海的交通线。与此同时，我们还必须应对入侵的威胁以及德国空军全力对我方城市、工厂和港口的轰炸，但是，尽管国内情况危险，物资缺乏，我们依旧源源不断地向中东增援，派去了三万多人，几乎运去了一半最好的坦克车，还把许多我们用来保护重要的飞机工厂的高射炮、舰队中最优良的两艘军舰——"光辉"号和"英勇"号，以及大量的"旋风"式战斗机和"威灵顿"式轰炸机

也调去了。当时敌人在英吉利海峡和北海对岸集结驳船和各种船只，足以在一夜之间一次就将五十万人送达我方海岸，我们就是在这样的情况下增援中东。因此，如果中东的困难和危险尚未完全得以解决，那也并不是因为英国逃避了本应承担的那部分危险和牺牲。就目前埃及和苏丹的形势来看，要比我们前些时候所担心出现的情形好些。即便如此，我亲爱的总理及朋友——你曾让我将你视为朋友——我仍然不能确保我们能在中东获得"彻底的胜利"，或者确保开罗、喀土穆、苏伊士运河和巴勒斯坦不会落入意大利或德国人的手中。我们认为这些地方不会被敌人掌控，我们也正在倾尽所能抵抗敌人准备向我们发动的进攻。但是我无法保证我们一定能获得胜利，也无法保证令人悲痛的事件不会发生，或者保证我们不会遭受失望与挫折。相反，在我看来，唯一可以肯定的是：我们在冲破那些包围着我们的致命的危险以前，肯定还要度过许多艰难困苦的时光。

考虑到你崇高的地位和复信中极度严厉的口吻，我想，我应当采用同等的坦率态度回复你。

1940 年 10 月 2 日

孟席斯先生致丘吉尔先生：

10 月 2 日的来电已经收到，其中的某些内容令我深感不安。

我们过去和现在都在关心达喀尔的失败。当我再次读我的那封电报时，自己也察觉到有些话说得略显鲁莽。但是，我仍旧不能明白，怎么会从我的电报中解读出你或英国政府在政府、精神或成就方面表现犹豫呢？

从最近的选举结果来看，我的地位极不稳定，也许不久之后就要下台，我想借此机会向你表明，尽管我们相隔万里，但是能代表澳大利亚同温斯顿·丘吉尔和英国人民共同努力使我倍感自豪。我无时无刻不在运用我在国内掌握的资源来鼓励澳大利亚人，让他们知道，大不列颠在为我们而战，它的英雄气概、超乎寻常的乐观精神、沉着的态度对我们来说不仅是一面盾牌，也是一种鼓舞。

而关于你本人，要我歌功颂德恐有不妥，但是，我于9月3日战争一周年那天致你的电报可以代表我全部的心意。如果你认为我9月29日那封电报是在吹毛求疵或者在泼冷水，就太让我痛心了。

达喀尔的事情就不谈了，这件事已经给了教训，用不着我来指出。我真正想说明的是：如果能及时将此事的相关详尽情报告诉我们，那么远方的我们，便可以更迅速地从此事中汲取教训。

至于中东，我并没有寻求或试图获得保证。我们想要的——我相信，我们之前已得到许诺可以提出这样的要求——是应该倾尽所有力量去充分增援和装备中东。就这一点而言，我对你的来电非常满意。

你说，如果没有完全克服中东的困难，原因并不在于英国逃避了它应当承担的危险和牺牲，这自然是毫无疑问的。但是，我希望，你也不要以为澳大利亚在逃避它应担负的责任。我们已尽可能将成千上万的官兵送往中东。我们澳大利亚的兵营中还驻有大约八万五千人的远征军，其中许多人不久即将开往中东。

我国民众十分担心日本可能采取行动，所以非常怀疑我们是否应该这样做，但是我方政府仍然增加了海军、空军和陆军数量，而且我们的人力、物力用于军火生产的规模之大，是前所未见的，并且，这在一年前还被认为是不可能的。

虽然由于某些地方性的利益牵扯以及问题使得我们在最近的选举中失利，我们还是这样做了。我们对自己要出的力并未设限，因为我们知道英国将要面临的种种危险是无限的。

之所以提到这些是想说明：我们对于自己实际作战的海外主要战场的关心不仅是可以理解的，而且也是很深切的。

亲爱的首相大人，请不要把以上事情引发的焦虑说成是卑怯、自私或不明事理。最要紧的是请你了解：不论我秘密拍发任何质问甚至批评的电报，澳大利亚是见义勇为的，并且愿意追随你到底，而我一定要尽我最大的努力这样做。

1940年10月4日

首相致孟席斯先生：

你的来电言辞恳切，深为感激。如果我曾认为你的批评有些严厉而复电争辩，还请你务必谅解。我正在派人准备有关达喀尔事件各个阶段的报告，很快就会将其作为密件发送给你和你的同僚。我不准备在议会中替自己辩护，这样只会使敌人称快。我十分感谢你带领澳大利亚为共同事业所做的一切努力。那几个月剑拔弩张，但是澳大利亚与我们同在，使人深为安慰。检阅澳大利亚军队的时候，对他们的表现和英姿赞叹不已。他们刚刚获得了二十四门优良的野战炮，不久就要出发到中东，也许还要在明年的战斗中去前线作战。我们将倾尽全力按照他们该有的武器去装备他们。目前中东的形势似乎已经稳定。如果军队在马特鲁港作战，那么下月或六个星期内能够投入战斗的兵力应该不会比敌军少。这对著名的大战术家威尔逊将军和他领导的杰出队伍是一个好机会。伦敦居民面对敌人的轰炸，表现十分英勇。但是，你想想就知道，残酷地轰炸这样一个拥有八百万人口的城市将给政府带来不可估量的麻烦。我们正在逐步克服我们的困难，我坚信希特勒恐吓群众的做法，将和他磁性水雷以及其他凶恶计划一样，都会以失败告终。祝你本人一切顺利。

1940 年 10 月 6 日